Francisco Cândido Xavier
Waldo Vieira

Desobsessão

PELO ESPÍRITO
DE
ANDRÉ LUIZ

FOTOS: MARIA A. P. GONÇALVES
CAPA: JO

1.ª Edição
10.000 exemplares

FEDERAÇÃO ESPÍRITA BRASILEIRA
(Departamento Editorial)
Rua Souza Valente, 17 e Avenida Passos, 30
RIO, Gb — ZC-08

Esclarecimento ao Leitor

Esta nova edição procura contemplar o texto do autor espiritual André Luiz, psicografado por Francisco Cândido Xavier e Waldo Vieira, conforme registrado na primeira edição, arquivada e disponível para consulta nos acervos da FEB (Patrimônio do Livro e Biblioteca de Obras Raras).

Dessa forma, as modificações ocorrerão apenas no caso de haver incorreção patente quanto à norma culta vigente da Língua Portuguesa no momento da publicação, ou para atender às diretrizes de normalização editorial previstas no Manual de Editoração da FEB, sem prejuízo para o conteúdo da obra nem para o estilo do autor espiritual.

Quando se tratar de caso específico que demandar explicação própria, esta virá como nota de rodapé, para facilitar a compreensão textual.

Para a redação de cada nota explicativa, sempre que necessário foram consultados especialistas das áreas afetas ao tema, como historiadores e linguistas.

A FEB reitera, com esse procedimento, seu respeito às fontes originais e ao fenômeno mediúnico de excelência que foi sempre a marca registrada do inesquecível médium Francisco Cândido Xavier.

FEB EDITORA
Brasília (DF), 2 de setembro de 2022.

FRANCISCO CÂNDIDO XAVIER
WALDO VIEIRA

DESOBSESSÃO
pelo Espírito ANDRÉ LUIZ

Copyright © 1964 *by*
FEDERAÇÃO ESPÍRITA BRASILEIRA – FEB

29ª edição – 3ª impressão – 1,7 mil exemplares – 5/2025

ISBN 978-65-5570-563-8

Esta obra foi revisada com base no texto da primeira edição de 1969.

Todos os direitos reservados. Nenhuma parte desta publicação pode ser reproduzida, armazenada ou transmitida, total ou parcialmente, por quaisquer métodos ou processos, sem autorização do detentor do *copyright*.

FEDERAÇÃO ESPÍRITA BRASILEIRA – FEB
SGAN 603 – Conjunto F – Avenida L2 Norte
70830-106 – Brasília (DF) – Brasil
www.febeditora.com.br
editorial@febnet.org.br
+55 61 2101 6161

Pedidos de livros à FEB
Comercial
Tel.: (61) 2101 6161 – comercial@febnet.org.br

Adquirindo esta obra, você está colaborando com as ações de assistência e promoção social da FEB e com o Movimento Espírita na divulgação do Evangelho de Jesus à luz do Espiritismo.

Dados Internacionais de Catalogação na Publicação (CIP)
(Federação Espírita Brasileira – Biblioteca de Obras Raras)

L953d   Luiz, André (Espírito)

   Desobsessão / pelo Espírito André Luiz; [psicografado por] Francisco Cândido Xavier e Waldo Vieira. – 29. ed. – 3. imp. – Brasília: FEB, 2025.

   168 p.; 23cm

   ISBN 978-65-5570-563-8

   1. Espiritismo. 2. Obras psicografadas. I. Xavier, Francisco Cândido, 1910–2002. II. Vieira, Waldo, 1932–2015. III. Federação Espírita Brasileira. IV. Título.

CDD 133.93
CDU 133.7
CDE 00.06.02

SUMÁRIO

Um livro diferente 7
Desobsessão 11

01 Preparo para a reunião: despertar 15
02 Preparo para a reunião: alimentação 17
03 Preparo para a reunião: repouso físico e mental ... 19
04 Preparo para a reunião: prece e meditação 21
05 Superação de impedimentos: chuva 23
06 Superação de impedimentos: visitas 25
07 Superação de impedimentos: contratempos 27
08 Impedimento natural 29
09 Templo espírita 31
10 Recinto das reuniões 33
11 Chegada dos companheiros 35
12 Conversação anterior à reunião 37
13 Dirigente 39
14 Pontualidade 41
15 Mobiliário para os trabalhos 43
16 Cadeiras 45
17 Iluminação 47
18 Isolamento hospitalar 49
19 Aparelhos elétricos 51
20 Componentes da reunião 53
21 Visitantes 55
22 Ausência justificada 57
23 Chegada inesperada de doente 59
24 Médiuns esclarecedores 61
25 Equipe mediúnica: psicofônicos 63
26 Equipe mediúnica: passistas 65
27 Livros para leitura 67
28 Leitura preparatória 69
29 Prece inicial 71
30 Manifestação inicial do mentor 73
31 Consultas ao mentor 75
32 Manifestação de enfermo espiritual (I) 77
33 Manifestação de enfermo espiritual (II) 79
34 Manifestação de enfermo espiritual (III) 81

35 Manifestação de enfermo espiritual (IV) 83
36 Manifestação de enfermo espiritual (V) 85
37 Esclarecimento 87
38 Cooperação mental 89
39 Manifestações simultâneas (I) 91
40 Manifestações simultâneas (II) 93
41 Interferência do benfeitor 95
42 Atitudes dos médiuns (I) 97
43 Atitudes dos médiuns (II) 99
44 Mal-estar imprevisto do médium 101
45 Educação mediúnica (I) 103
46 Educação mediúnica (II) 105
47 Educação mediúnica (III) 107
48 Educação mediúnica (IV) 109
49 Educação mediúnica (V) 111
50 Interferência de enfermo espiritual 113
51 Radiações 115
52 Passes 117
53 Imprevistos 119
54 Manifestação final do mentor 121
55 Gravação da mensagem 123
56 Prece final 125
57 Encerramento 127
58 Conversação posterior à reunião 129
59 Reouvindo a mensagem 131
60 Estudo construtivo das passividades 133
61 Saída dos companheiros 135
62 Comentários domésticos 137
63 Assiduidade 139
64 Benefícios da desobsessão 141
65 Reuniões de médiuns esclarecedores 143
66 Reuniões de estudos mediúnicos 145
67 Reuniões mediúnicas especiais 147
68 Visita a enfermo 149
69 Visita a hospital 151
70 Culto do Evangelho no lar 153
71 Culto da assistência 155
72 Estudos extras 157
73 Formação de outras equipes 159

Um livro diferente

"E perguntou-lhe Jesus, dizendo: 'Qual é o teu nome?'. E ele disse: 'Legião'; porque tinham entrado nele muitos demônios." – Lucas, 8:30.

Atendendo ao trabalho da desobsessão nos arredores de Gadara, vemos Jesus a conversar fraternalmente com o obsesso que lhe era apresentado, ao mesmo tempo que se fazia ouvido pelos desencarnados infelizes.

Importante verificar que ante a interrogativa do Mestre, a perguntar-lhe o nome, o médium, consciente da pressão que sofria por parte das Inteligências conturbadas e errantes, informa chamar-se *Legião*, e o Evangelista acrescenta que o obsidiado assim procedia *porque tinham entrado nele muitos demônios*.

Sabemos hoje com Allan Kardec, conforme palavras textuais do Codificador da Doutrina Espírita, no item 6 do capítulo XII, "Amai os vossos inimigos", de *O evangelho segundo o espiritismo*, que "esses demônios mais não são do que as almas dos homens perversos, que ainda se não despojaram dos instintos materiais".

No episódio, observamos o Cristo entendendo-se, de maneira simultânea, com o médium e com as entidades comunicantes, na benemérita empresa do esclarecimento coletivo, ensinando-nos que a desobsessão não é caça a fenômeno, e sim trabalho paciente do amor conjugado ao conhecimento e do raciocínio associado à fé.

Seja no caso de mera influenciação ou nas ocorrências da possessão profunda, a mente medianímica permanece jugulada por pensamentos estranhos a ela mesma, em processos de hipnose de que apenas gradativamente se livrará. Daí ressalta o imperativo de se vulgarizar a assistência sistemática aos desencarnados prisioneiros da insatisfação ou da angústia, por intermédio das equipes de companheiros consagrados aos serviços dessa ordem que, aliás, demandam paciência e compreensão análogas às que caracterizam os enfermeiros dedicados ao socorro dos irmãos segregados nos meandros da psicose, portas adentro dos estabelecimentos de cura mental.

Sentindo de perto semelhante necessidade, o nosso amigo André Luiz organizou este livro diferente de quantos lhe constituem a coleção de estudioso dos temas da alma, no intuito de arregimentar novos grupos de seareiros do bem que se proponham reajustar os que se veem arredados da realidade fora do campo físico. Nada mais oportuno e mais justo, de vez que, se a ignorância reclama o devotamento de professores na escola e a psicopatologia espera pela abnegação dos médicos que usam a palavra equilibrante nos gabinetes de análise psicológica, a alienação mental dos Espíritos desencarnados exige o concurso fraterno de corações amigos, com bastante entendimento e bastante amor para auxiliar nos templos espíritas, atualmente dedicados à recuperação do Cristianismo, em sua feição clara e simples.

Salientando, pois, neste volume, precioso esforço de síntese no alívio aos obsessos, através dos colaboradores de todas as condições, rogamos ao Senhor nos sustente a todos — tarefeiros encarnados e desencarnados — na obra a realizar, porquanto obsidiados e obsessores, consciente ou inconscientemente arrojados à desorientação, no mundo ou além do mundo, são irmãos que nos pedem arrimo, companheiros que nos integram a família terrestre, e o amparo à família não é ministério que devamos relegar para a esfera dos anjos, e sim obrigação intransferível que nos compete abraçar por serviço nosso.

EMMANUEL
Uberaba (MG), 2 de janeiro de 1964.
(Página recebida pelo médium Francisco Cândido Xavier.)

Desobsessão

Terapêuticas diversas merecem estudos para a supressão dos males que flagelam a Humanidade. Antibióticos atacam processos de infecção, institutos especializados examinam a patologia do câncer, a cirurgia atinge o coração para sanar o defeito cardíaco e a vacina constitui defesa para milhões. Ao lado, porém, das enfermidades que supliciam o corpo, encontramos, aqui e além, as calamidades da obsessão que desequilibram a mente.

Para lá das teias fisiológicas que entretecem o carro orgânico de que se vale o Espírito para o estágio educativo no mundo, é possível identificar os quadros obscuros de semelhantes desastres, nos quais as forças magnéticas desajustadas pelo pensamento em desgoverno assimilam forças magnéticas do mesmo teor, estabelecendo a alienação mental, que vai do tique à loucura, escalando por fobias e moléstias-fantasmas. Vemo-los instalados em todas as classes, desde aquelas em que se situam as pessoas providas de elevados recursos da inteligência àquelas outras em que respiram companheiros carentes das primeiras noções do alfabeto, desbordando, muita vez, na tragédia passional que ocupa a atenção da imprensa ou na insânia conduzida ao hospício. Isso tudo, sem relacionarmos os problemas da depressão, os desvarios sexuais, as síndromes de angústias e as desarmonias domésticas.

Espíritos desencarnados e encarnados de condição enfermiça sintonizam-se uns com os outros, criando prejuízos e perturbações naqueles que lhes sofrem a influência vampirizadora, lembrando vegetais nobres que parasitos arrasam, depois de solapar-lhes todas as resistências.

Refletindo nisso e diligenciando cooperar na medicação a esses males de sintomatologia imprecisa, imaginamos a organização deste livro,[1] dedicado a todos os companheiros que se interessam pelo socorro aos obsidiados — livro que se caracteriza por absoluta simplicidade na exposição dos assuntos indispensáveis à constituição e sustentação dos grupos espíritas devotados à obra libertadora e curativa da desobsessão. Livro que possa servir aos recintos consagrados a esse mister, estejam eles nos derradeiros recantos das zonas rurais ou nos edifícios das grandes cidades, cartilha de trabalho em que as imagens[2] auxiliem o entendimento da explicação escrita, a fim de que os obreiros da Doutrina Espírita atendam à desobsessão, consoante os princípios concatenados por Allan Kardec.

Nenhuma instituição de Espiritismo pode, a rigor, desinteressar-se desse trabalho imprescindível à higiene, harmonia, amparo ou restauração da mente humana, traçando esclarecimento justo, seja aos desencarnados sofredores, seja aos encarnados desprovidos de educação íntima que lhes sofram a atuação deprimente, conquanto, às vezes, involuntária.

---

[1] O Espírito André Luiz convidou os médiuns Waldo Vieira e Francisco Cândido Xavier a psicografarem com ele o presente volume, responsabilizando-se ambos pelos capítulos ímpares e pares, respectivamente.
[2] As fotografias que ilustram este volume representam gentileza dos companheiros de ideal e pertencem aos arquivos da Exposição Espírita Permanente da CEC, de Uberaba, Minas.

Cada templo espírita deve e precisa possuir a sua equipe de servidores da desobsessão, quando não seja destinada a socorrer as vítimas da desorientação espiritual que lhe rondam as portas, para defesa e conservação de si mesma.

Oferecemos, desse modo, estas páginas despretensiosas aos que sintam suficiente amor pelos que jazem transviados nas trevas das ilusões e paixões em que se consomem, circunscritos aos marcos estreitos da ignorância, na Terra e além da Terra, nos tormentos e desvarios do "eu". E entregando-as aos amigos que nos possam acolher o desejo de acertar e avaliar conosco a extensão e a gravidade do problema, recordemos, reconhecidamente, junto de todos eles, que o Espiritismo é o Cristianismo Restaurado e que o pioneiro número um da desobsessão, esclarecendo Espíritos infelizes e curando obsidiados de todas as condições, foi exatamente Jesus.

ANDRÉ LUIZ
Uberaba (MG), 2 de janeiro de 1964.
(Página recebida pelo médium Waldo Vieira.)

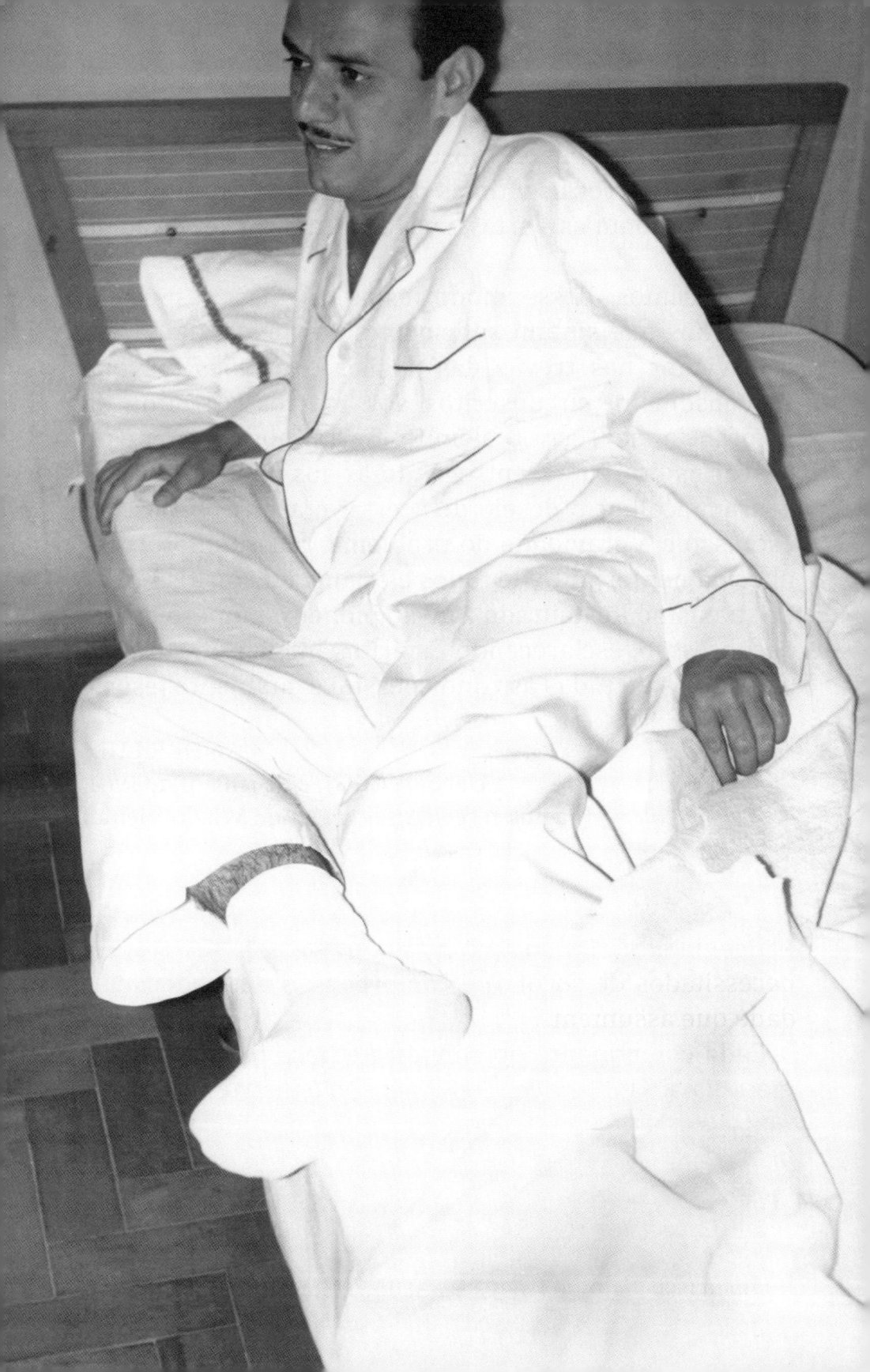

01 PREPARO PARA A REUNIÃO: DESPERTAR

No dia marcado para as tarefas de desobsessão, os integrantes da equipe precisam, a rigor, cultivar atitude mental digna, desde cedo.

Ao despertar pela manhã, o dirigente, os assessores da orientação, os médiuns incorporadores, os companheiros da sustentação ou mesmo aqueles que serão visitas ocasionais no grupo, devem elevar o nível do pensamento, seja orando ou acolhendo ideias de natureza superior.

Intenções e palavras puras, atitudes e ações limpas.

Evitar deliberadamente rusgas e discussões, sustentando paciência e serenidade, acima de quaisquer transtornos que sobrevenham durante o dia.

Trata-se de preparação adequada a assunto grave: a assistência a desencarnados menos felizes, com a supervisão de instrutores da Vida Espiritual.

Imaginem-se os companheiros no lugar dos Espíritos necessitados de socorro e compreensão a responsabilidade que assumem.

Cada componente do conjunto é peça importante no mecanismo do serviço. Todo o grupo é instrumentação.

02 PREPARO PARA A REUNIÃO: ALIMENTAÇÃO

A alimentação, durante as horas que precedem o serviço de intercâmbio espiritual, será leve.

Nada de empanturrar-se o companheiro com viandas desnecessárias.

Estômago cheio, cérebro inábil.

A digestão laboriosa consome grande parcela de energia, impedindo a função mais clara e mais ampla do pensamento, que exige segurança e leveza para exprimir-se nas atividades da desobsessão.

Aconselháveis os pratos ligeiros e as quantidades mínimas, crendo-nos dispensados de qualquer anotação em torno da impropriedade do álcool, acrescendo observar que os amigos ainda necessitados do uso do fumo e da carne, do café e dos temperos excitantes, estão convidados a lhes reduzirem o uso, durante o dia determinado para a reunião, quando não lhes seja possível a abstenção total, compreendendo-se que a posição ideal será sempre a do participante dos trabalhos que transpõe a porta do templo sem quaisquer problemas alusivos à digestão.

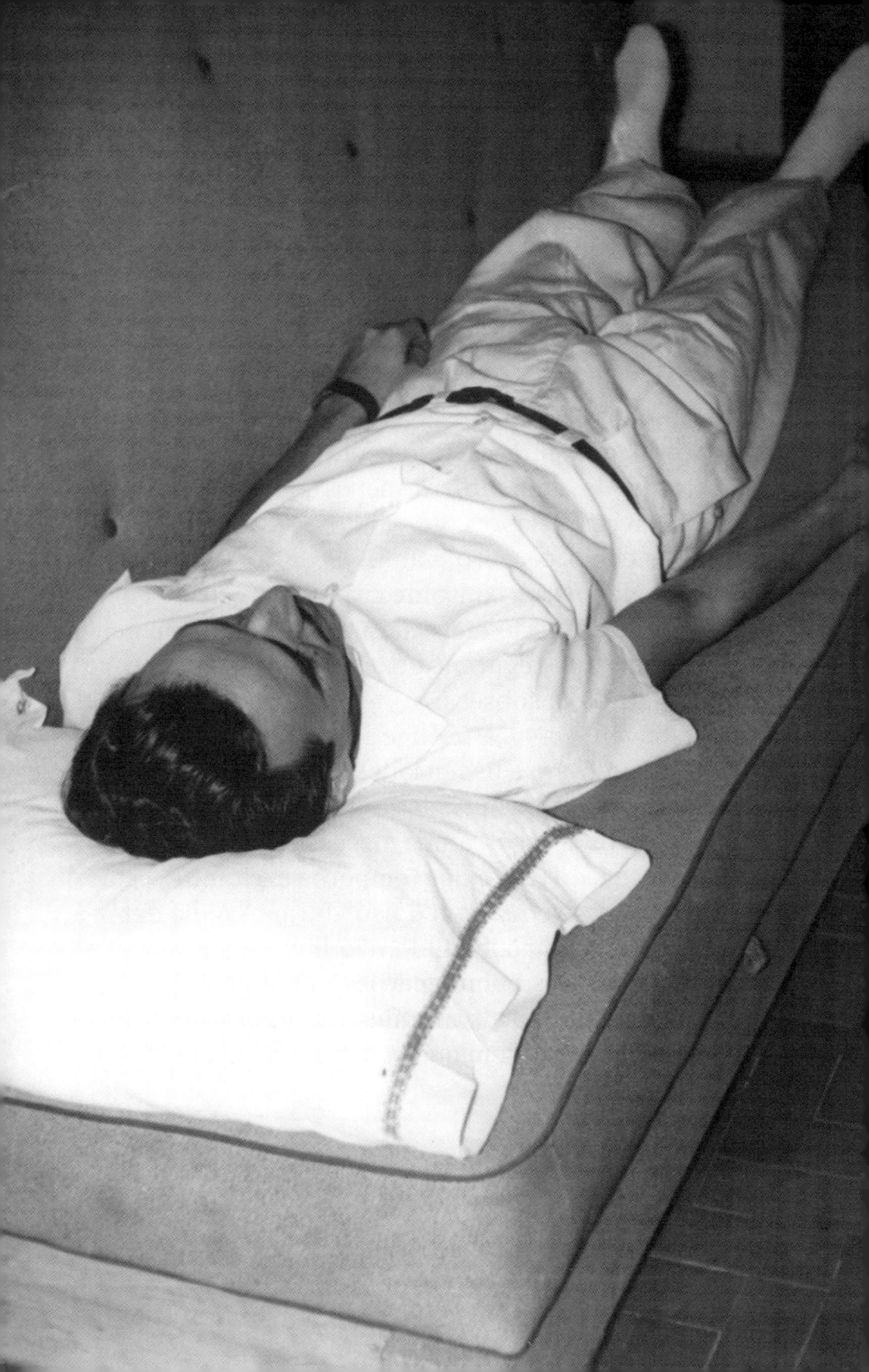

03 PREPARO PARA A REUNIÃO: REPOUSO FÍSICO E MENTAL

Após o trabalho, seja ele profissional ou doméstico, braçal ou mental, faça o seareiro da desobsessão o horário possível de refazimento do corpo e da alma.
Repouso externo e interno.
Relaxe, com ideações edificantes.
Abstenção de pensamentos impróprios.
Aspirações para cima.
Distância de preocupações inferiores.
Preparação íntima, podendo incluir leitura moralizadora e salutar.
Formação de ambiente particular respeitável, de cujos agentes espirituais, enobrecidos e puros, se valham os instrutores para a composição dos recursos de alívio e esclarecimento aos irmãos que, desenfaixados da veste física, ainda sofrem.
Os responsáveis pelas tarefas da desobsessão devem compreender que as comunicações reclamam espontaneidade e que o preparo a que nos referimos é de ordem geral, sem a fixação da mente em exigências ou gratificações de sentimento pessoal.

04 PREPARO PARA A REUNIÃO: PRECE E MEDITAÇÃO

Pelo menos durante alguns minutos, horas antes dos trabalhos, seja qual for a posição que ocupe no conjunto, dedique-se o companheiro de serviço à prece e à meditação em seu próprio lar.

Ligue as tomadas do pensamento para o Alto.

Retire-se, em espírito, das vulgaridades do terra a terra, e ore, buscando a inspiração da Vida Maior.

Reflita que, em breve tempo, estará em contato, embora ligeiro, com os irmãos domiciliados no Mundo Espiritual, para onde irá igualmente, um dia, e antecipe o cultivo da simpatia e do respeito, da compaixão produtiva e da bondade operosa para com todos aqueles que perderam o corpo físico sem a desejada maturação espiritual.

Dessa forma, estará caminhando para a colaboração digna com os benfeitores desencarnados que são os legítimos ministradores do bem.

05 SUPERAÇÃO DE IMPEDIMENTOS: CHUVA

Hora de sair para a reunião.
Necessário vencer os percalços que o tempo é capaz de oferecer.

Não raro, é a promessa de aguaceiro iminente ou a ventania forte, comparecendo por empecilhos habituais.

Chuva ou frio...

O integrante da equipe não se prenderá em casa por semelhantes obstáculos.

Conservará, sempre à mão, o agasalho preciso e enfrentará quaisquer desafios naturais, consciente das obrigações que lhe competem.

06 SUPERAÇÃO DE IMPEDIMENTOS: VISITAS

Na lista dos impedimentos naturais, um existe dos mais frequentes: a visita inesperada.

Compreende-se o constrangimento dos companheiros já prestes a sair de casa para o serviço espiritual.

Em alguns casos, é um parente necessitando de palavras amigas; de outros, um companheiro reclamando atenção.

Que isso não seja tomado à conta de óbice insuperável.

O tarefeiro da desobsessão esclarecerá o assunto delicadamente, empregando franqueza e humildade, sem esconder o móvel da ausência a que se vê compelido, cumprindo, assim, não apenas o dever que lhe assiste, como também despertando simpatia nos circunstantes e assegurando a si mesmo o necessário apoio vibratório.

07 SUPERAÇÃO DE IMPEDIMENTOS: CONTRATEMPOS

Na série de obstáculos que, em muitas ocasiões, parecem inteligentemente determinados a lhe entravarem o passo, repontam os mais imprevistos contratempos à frente do servidor da desobsessão.

Uma criança cai, explodindo em choro...

Desaparece a chave de uma porta...

Um recado chega, de improviso, suscitando preocupações...

Alguém chama para solicitar um favor...

Certo familiar se queixa de dores súbitas...

Colapso do sistema de condução...

Dificuldades de trânsito...

O colaborador do serviço de socorro aos desencarnados sofredores não pode hesitar. Providencie, de imediato, as soluções razoáveis para esses pequeninos problemas e siga ao encontro das obrigações espirituais que o aguardam, lembrando-se de que mesmo as festas de natureza familiar, quais sejam as comemorações de aniversário ou os júbilos por determinados eventos domésticos, não devem ser categorizados à conta de obstrução.

08 IMPEDIMENTO NATURAL

Circunstâncias existem que pesam na balança do trabalho por obstáculos naturais.

Uma viagem inesperada, por exemplo.

Pode acontecer que a obrigação profissional assim o exija.

Noutros casos, a moléstia grave comparece em casa ou na pessoa do próprio cooperador, obstando-lhe o comparecimento à reunião.

Temos ainda a considerar o impedimento por enfermidades epidêmicas, qual a gripe, e, em nossas irmãs, é razoável aceitar como motivos justos de ausência os cuidados decorrentes da gravidez e os embaraços periódicos característicos da organização feminil.

Surgindo o impasse, é importante que o companheiro ou a companheira se comunique, rápido, com os responsáveis pela sessão, atentos a que se deva assegurar a harmonia do esforço de equipe tanto quanto possível.

09 TEMPLO ESPÍRITA

À medida que se nos aclara o entendimento, nas realizações de caráter mediúnico, percebemos que as lides da desobsessão pedem o ambiente do templo espírita para se efetivarem com segurança.

Para compreender isso, recordemos que, se muitos doentes conseguem recuperar a saúde no clima doméstico, muitos outros reclamam o hospital.

Se no lar dispomos de agentes empíricos em benefício dos enfermos, numa casa de saúde encontramos toda uma coleção de instrumentos selecionados para a assistência pronta.

No templo espírita, os instrutores desencarnados conseguem localizar recursos avançados do plano espiritual para o socorro a obsidiados e obsessores, razão por que, tanto quanto nos seja possível, é aí, entre as paredes respeitáveis da nossa escola de fé viva, que nos cabe situar o ministério da desobsessão.

Razoável, ainda, observar que os servidores de semelhante realização não podem assumir, sem prejuízo, compromissos para outras atividades medianímicas, antes ou depois do trabalho em que se comprometem a benefício dos sofredores desencarnados.

10 RECINTO DAS REUNIÕES

O recinto das reuniões pede limpeza e simplicidade.
A mesa, com alguns dos livros básicos da Doutrina Espírita, de preferência *O livro dos espíritos, O evangelho segundo o espiritismo* e um volume que desenvolva o pensamento kardequiano, conjugado aos ensinamentos do Cristo, estará cercada pelas cadeiras devidas ao número exato dos componentes da reunião, apresentando-se despida de toalhas, ornamentos, recipientes de água e objetos outros.

Em seguida à fila dos assentos, colocar-se-á pequena acomodação, seja um simples banco ou algumas cadeiras para visitas eventuais.

Um relógio será colocado à vista ou à mão, seja numa parede, no bolso ou no pulso do dirigente, para que o horário e a disciplina estabelecida não sofram distorções, e o aparelho para a gravação de vozes, na hipótese de existir no aposento, não deverá perturbar o bom andamento das tarefas e será colocado em lugar designado pelo orientador dos trabalhos.

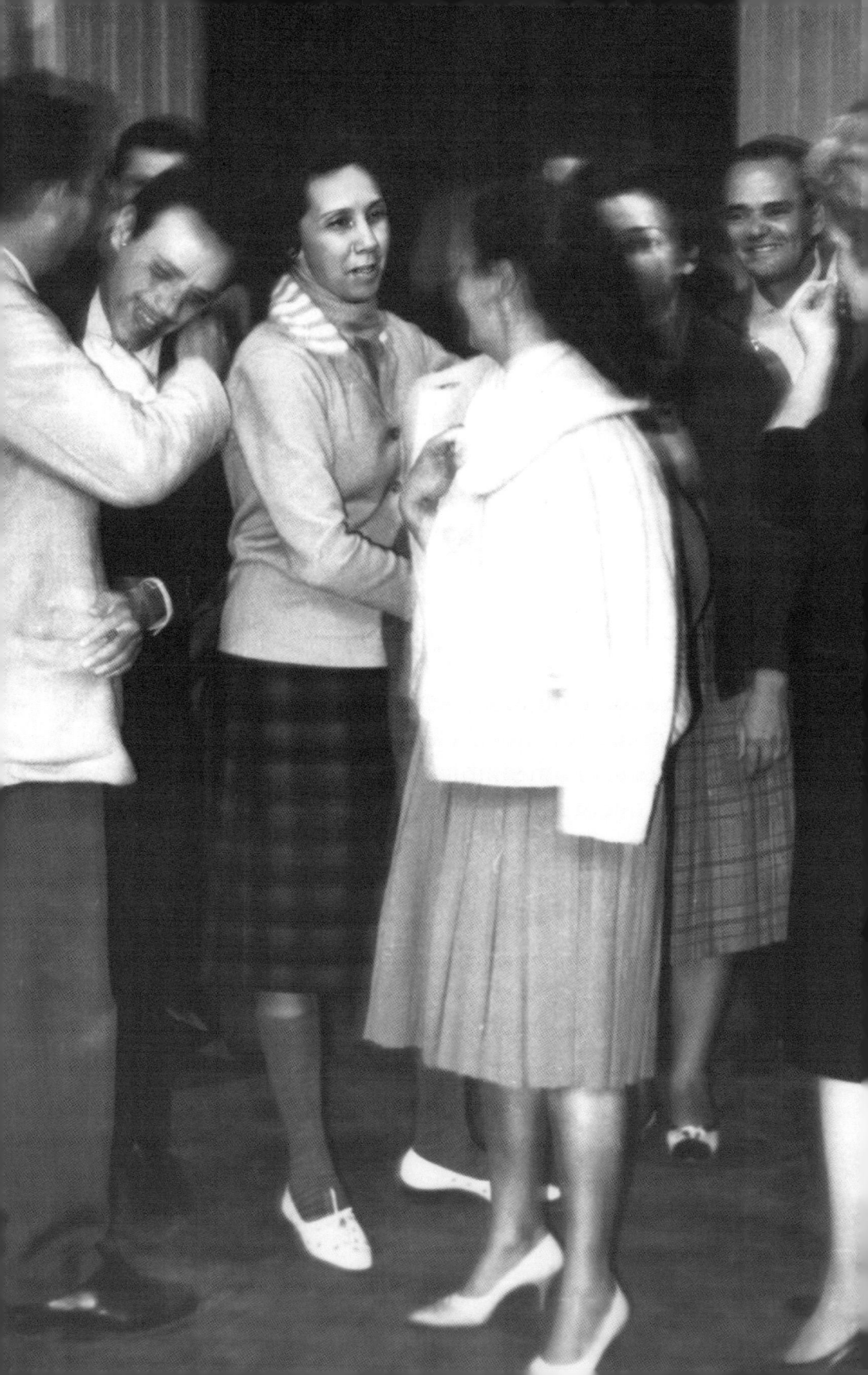

11 CHEGADA DOS COMPANHEIROS

Os benfeitores espirituais de plantão, na obra assistencial aos irmãos desencarnados sofredores, esperam sempre que os integrantes da equipe alcancem o recinto de serviço em posição respeitosa.

Nada de vozerio, tumulto, gritos, gargalhadas.

Lembrem-se os companheiros encarnados de que se aproximam de enfermos reunidos, como num hospital, credores de atenção e carinho.

A obra de socorro está prestes a começar.

Necessário inclinar o sentimento ao silêncio e à compaixão, à bondade e à elevação de vistas, a fim de que o conjunto possa funcionar em harmonia na construção do bem.

12 CONVERSAÇÃO ANTERIOR À REUNIÃO

Há sempre margem a conversações no recinto para os que chegam mais cedo, cabendo aos seareiros do conjunto evitar a dispersão de forças em visitas, mesmo rápidas, mas impróprias, a locais vizinhos, sejam casas particulares ou restaurantes públicos.

Compreensível rogar aos colaboradores da tarefa a total abstenção de temas contrários à dignidade do trabalho que vão desempenhar.

Evitem-se os anedotários jocosos, as considerações injuriosas a quem quer que seja.

Esqueçam-se críticas, comentários escandalosos, queixas, azedumes, apontamentos irônicos.

Toda referência verbal é fator de indução.

Se somos impelidos a conversar, durante os momentos que precedem a atividade assistencial, seja a nossa palestra algo de bom e edificante que auxilie e pacifique o clima do recinto, ao invés de conturbá-lo.

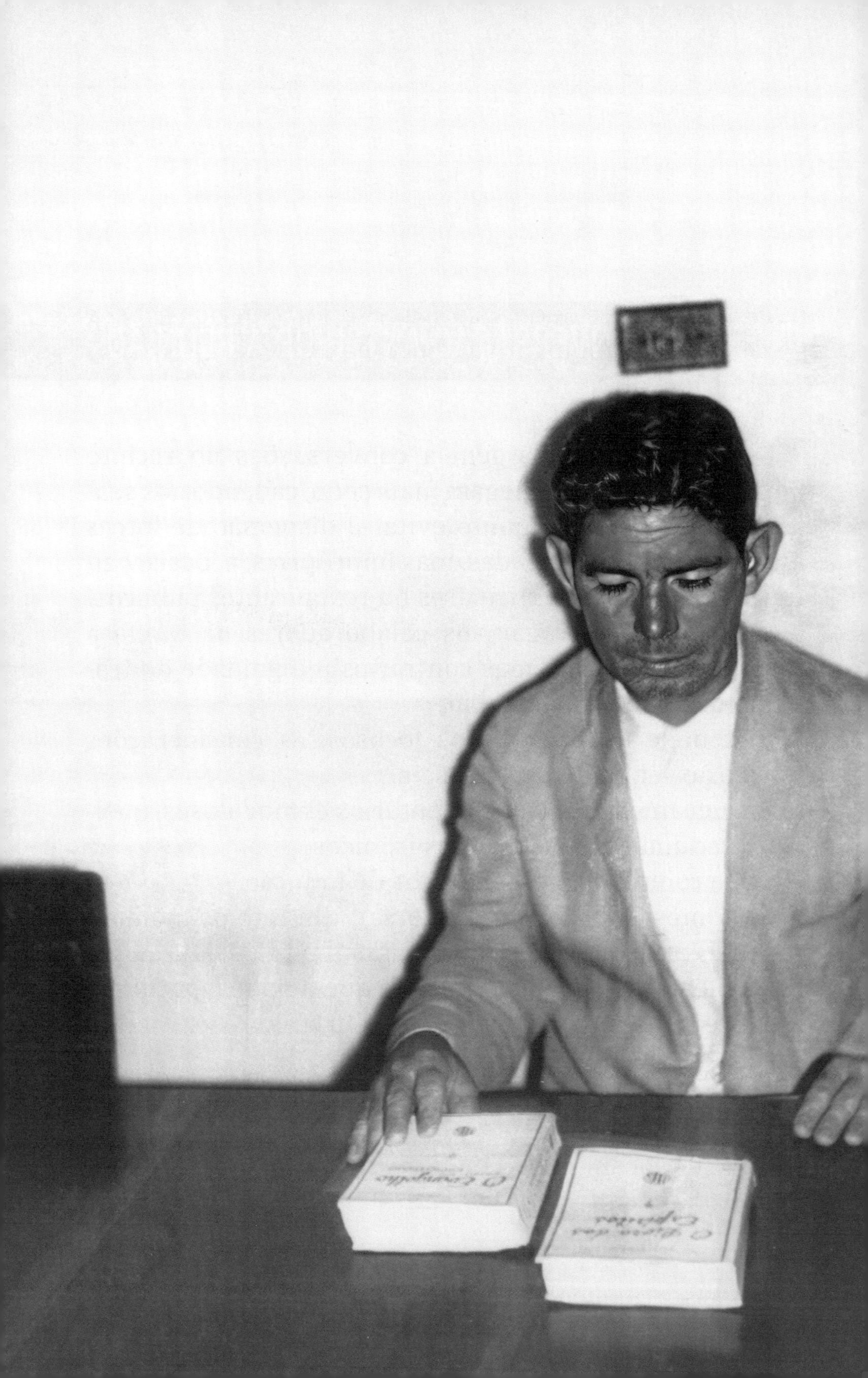

13 DIRIGENTE

O dirigente das tarefas de desobsessão não pode esquecer que a Espiritualidade Superior espera nele o apoio fundamental da obra.

Direção e discernimento.

Bondade e energia.

Certo, não se lhe exigirão qualidades superiores à do homem comum; no entanto, o orientador da assistência aos desencarnados sofredores precisa compreender que as suas funções, diante dos médiuns e frequentadores do grupo, são semelhantes às de um pai de família, no instituto doméstico.

Autoridade fundamentada no exemplo.

Hábito de estudo e oração.

Dignidade e respeito para com todos.

Afeição sem privilégios.

Brandura e firmeza.

Sinceridade e entendimento.

Conversação construtiva.

Para manter-se na altura moral necessária, o diretor dispensará a todos os componentes do conjunto a atenção e o carinho idênticos àqueles que um professor reto e nobre cultiva perante os alunos, e, como se erguerá, perante os instrutores espirituais, na posição de médium esclarecedor mais responsável, designará dois a três companheiros, sob a orientação dele próprio, a fim de que se lhe façam assessores em serviço e o substituam nos impedimentos justificados.

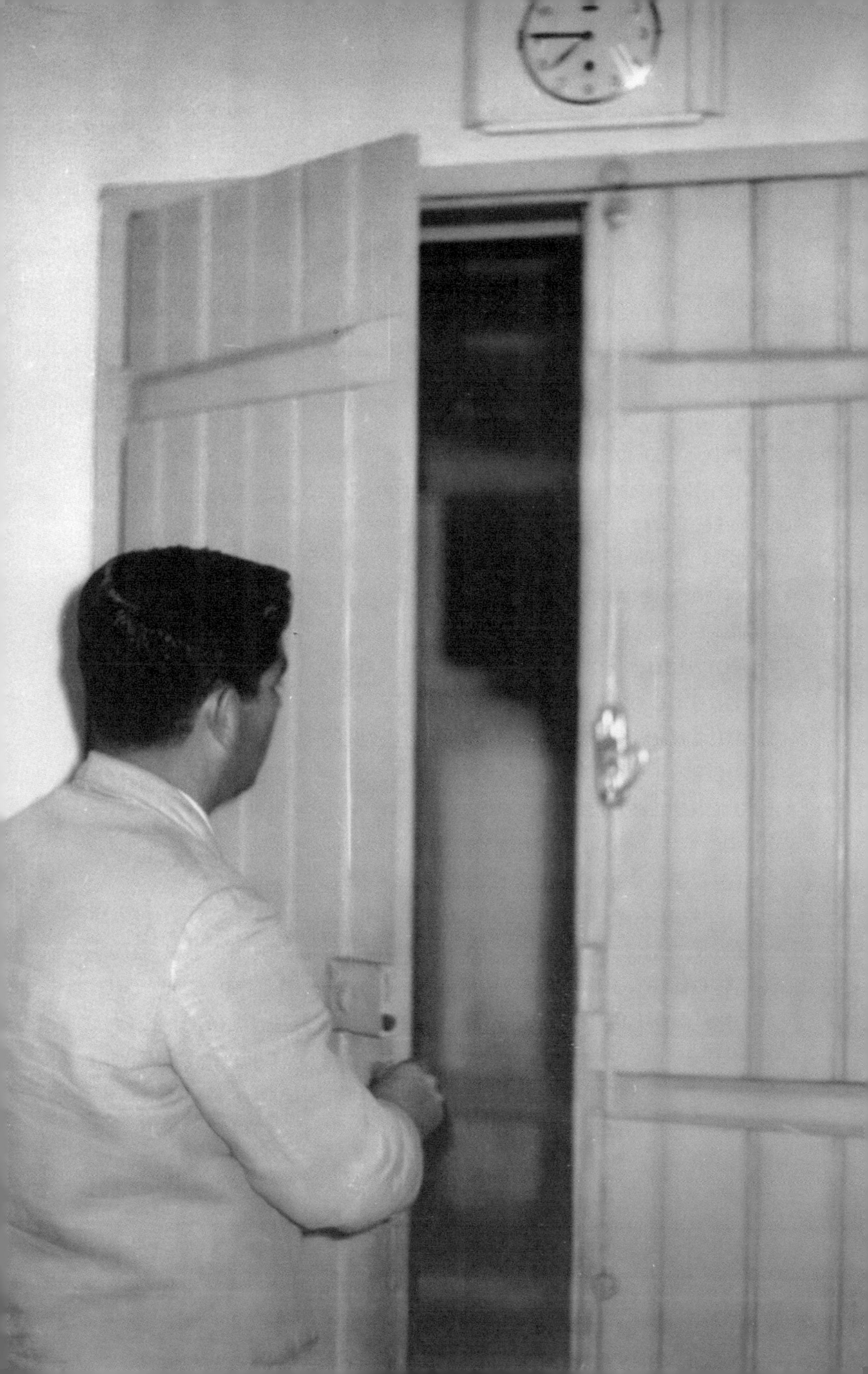

14 PONTUALIDADE

Pontualidade — tema essencial no quotidiano, disciplina da vida.

Administrações não respeitam funcionários relapsos.

Em casa, estimamos nos familiares os compromissos em dia, os deveres executados com exatidão.

Habitualmente não falhamos no horário marcado pelas personalidades importantes do mundo, a fim de corresponder-lhes ao apreço.

A entrevista com um industrial...

A fala com um Ministro de Estado...

Nas lides da desobsessão, é forçoso entender que benfeitores espirituais e amigos outros desencarnados se deslocam de obrigações graves da Vida Superior, a fim de assistir-nos e socorrer-nos.

Pontualidade é sempre dever, mas na desobsessão assume caráter solene.

Não haja falha de serviço por nossa causa. Não se pode esquecer que o fracasso, na maioria das vezes, é o produto infeliz dos retardatários e dos ausentes.

A hora de início das tarefas precisa mostrar-se austera, entendendo-se que o instante do encerramento é variável na pauta das circunstâncias.

Aconselhável se feche disciplinarmente a porta de entrada, 15 minutos antes do horário marcado para a abertura da reunião, tempo esse que será empregado na leitura preparatória.

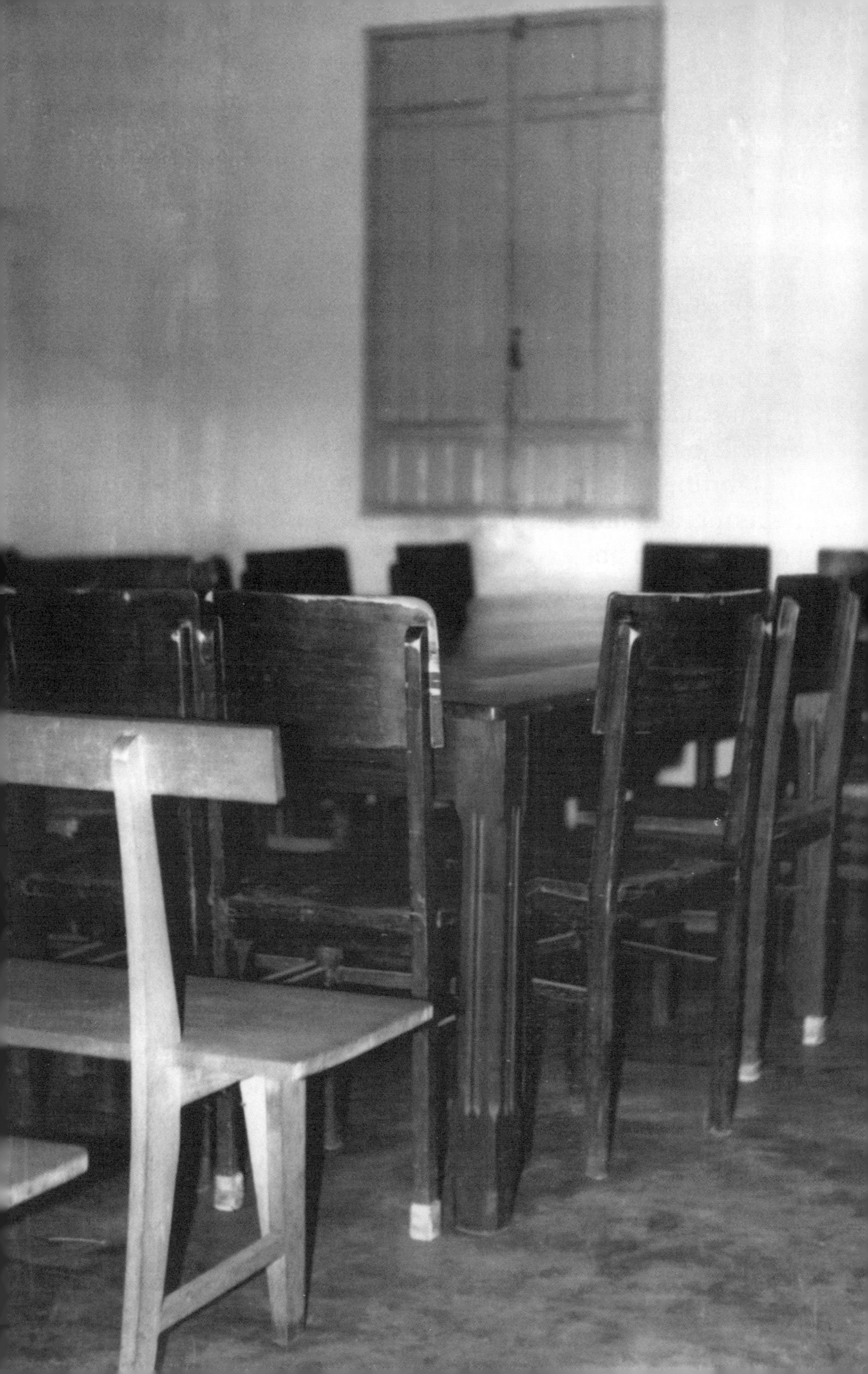

15 MOBILIÁRIO PARA OS TRABALHOS

O mobiliário no recinto dedicado à desobsessão não apenas necessita estar escoimado de objetos e apetrechos que recordem rituais e amuletos, símbolos e ídolos de qualquer espécie, mas também deve ser integrado por peças simples e resistentes.

A mesa deve ser sólida e as cadeiras talhadas em madeira, lembrando, sem adornos desnecessários, a austeridade de uma família respeitável.

Se tivermos de acrescentar algo, aditemos dois bancos, igualmente de madeira, para visitas casuais ou para o socorro magnético a esse ou àquele companheiro do grupo quando necessite de passe, à distância do círculo formado em comunhão de pensamento.

Evitemos tapetes, jarros, telas e enfeites outros, porquanto o recinto é consagrado, além de tudo, ao alívio de Espíritos sofredores ou alienados mentais autênticos, necessitados de ambiente limpo e simples, capaz de auxiliá-los a esquecer ilusões ou experiências menos felizes vividas na Terra.

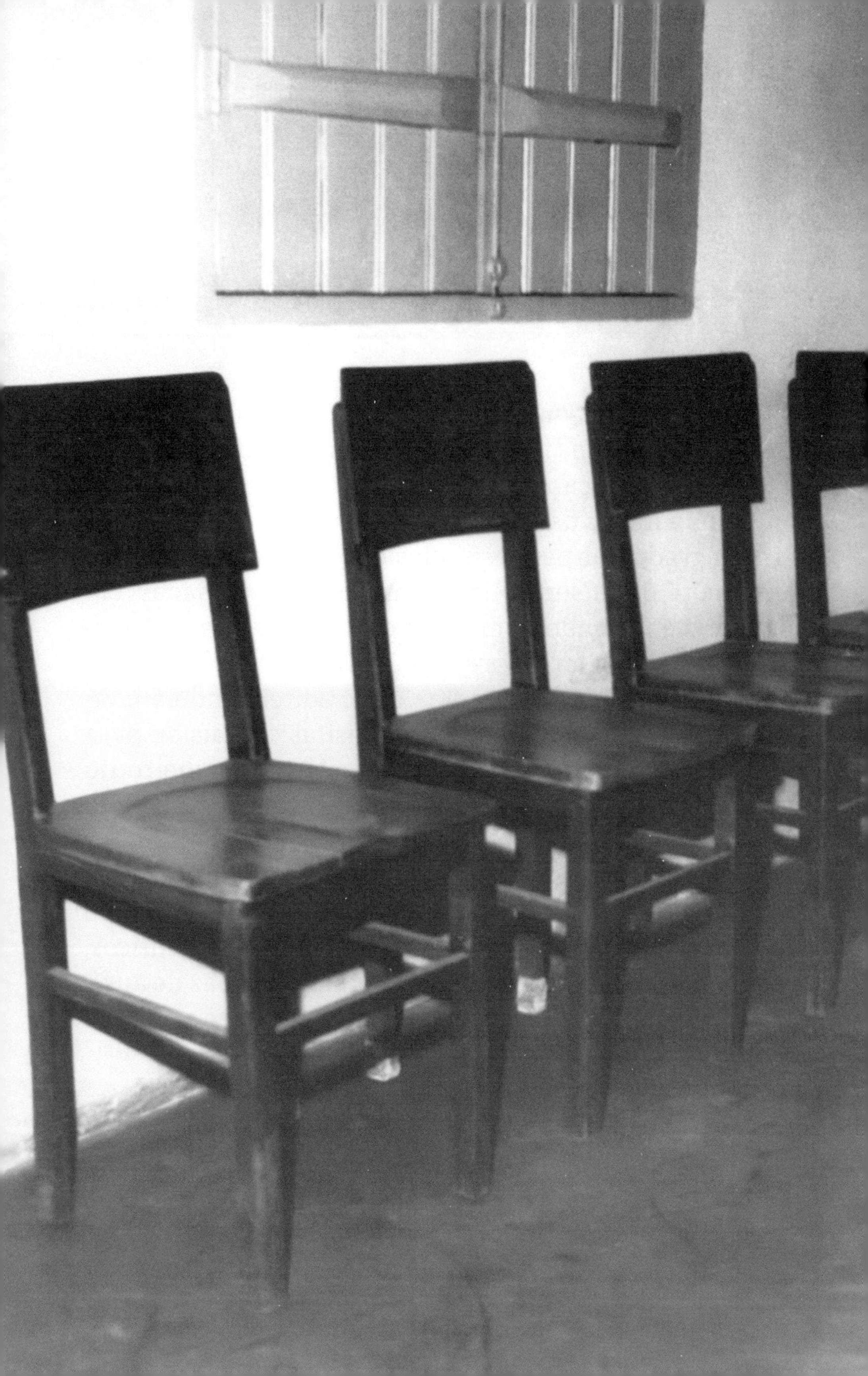

16 CADEIRAS

As cadeiras para a reunião merecem apontamentos particulares.

Evite-se o uso de poltronas que sugiram a sesta, como também o emprego de móveis desprovidos de qualquer anteparo, à feição de tamboretes que imponham desconforto.

Utilizemo-nos de cadeiras, pesadas na constituição, para frustrar os impulsos de queda ou de agitação excessiva, habituais nos médiuns em transe, mas construídas em estilo singelo, com o espaldar amplo e alto que suporte com firmeza os seareiros empenhados no socorro espiritual aos irmãos perturbados, além do plano físico.

Evitem-se as cadeiras desconjuntadas ou rangedoras que só ruídos desnecessários e perturbações outras provocam no ambiente.

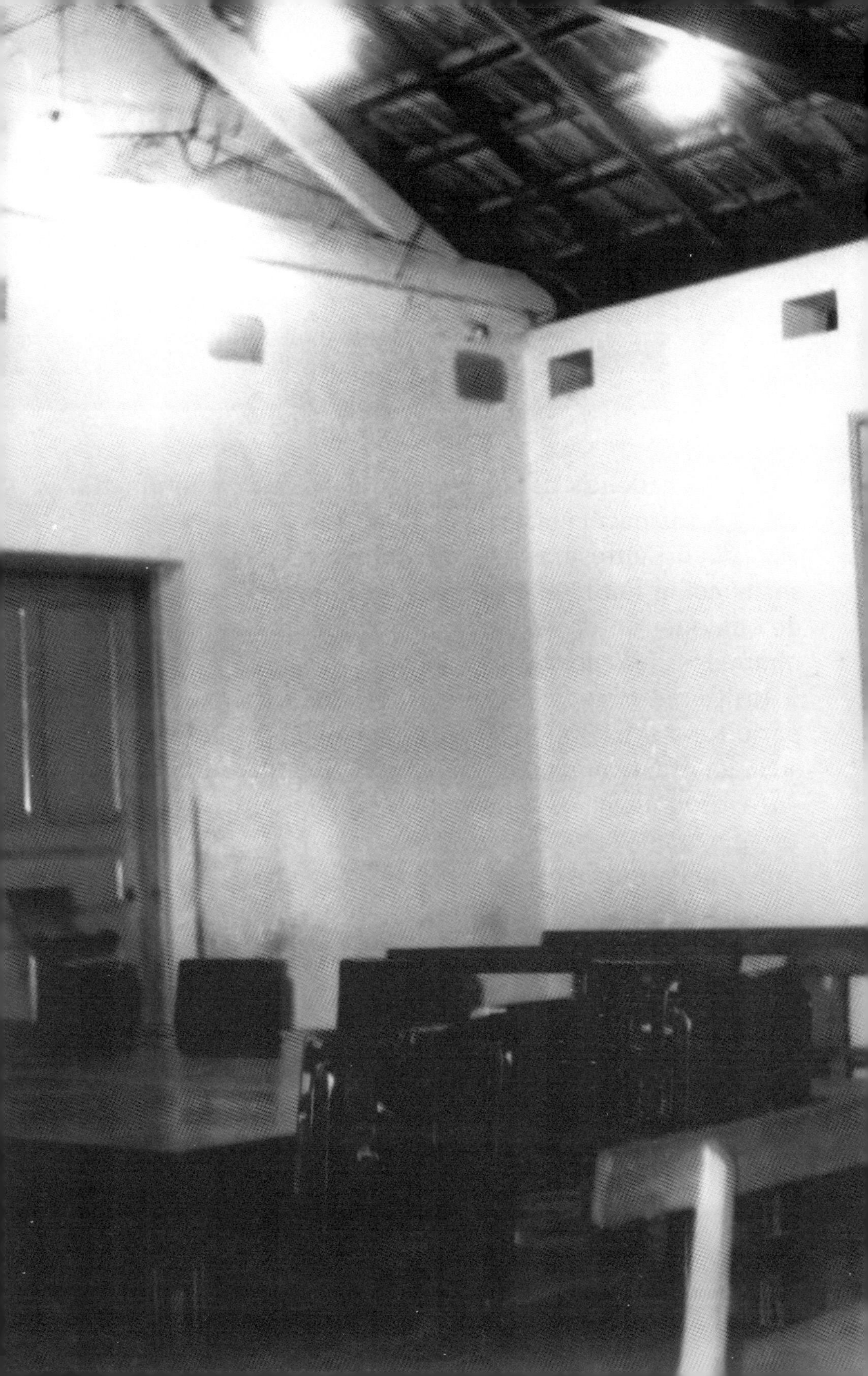

17 ILUMINAÇÃO

A iluminação no recinto será, sem dúvida, aquela de potencialidade normal, na fase preparatória das tarefas, favorecendo vistorias e leituras.

Contudo, antes da prece inicial, o dirigente da reunião graduará a luz no recinto, fixando-a em uma ou duas lâmpadas, preferivelmente vermelhas, de capacidade fraca, 15 watts, por exemplo, de vez que a projeção de raios demasiado intensos sobre o conjunto prejudica a formação de medidas socorristas, mentalizadas e dirigidas pelos instrutores espirituais, diretamente responsáveis pelo serviço assistencial em andamento, com apoio nos recursos medianímicos da equipe.

As lâmpadas devem ser situadas à distância da mesa dos trabalhos para se evitarem acidentes.

Nas localidades não favorecidas pela energia elétrica, o orientador da reunião diminuirá no recinto o teor da luz empregada.

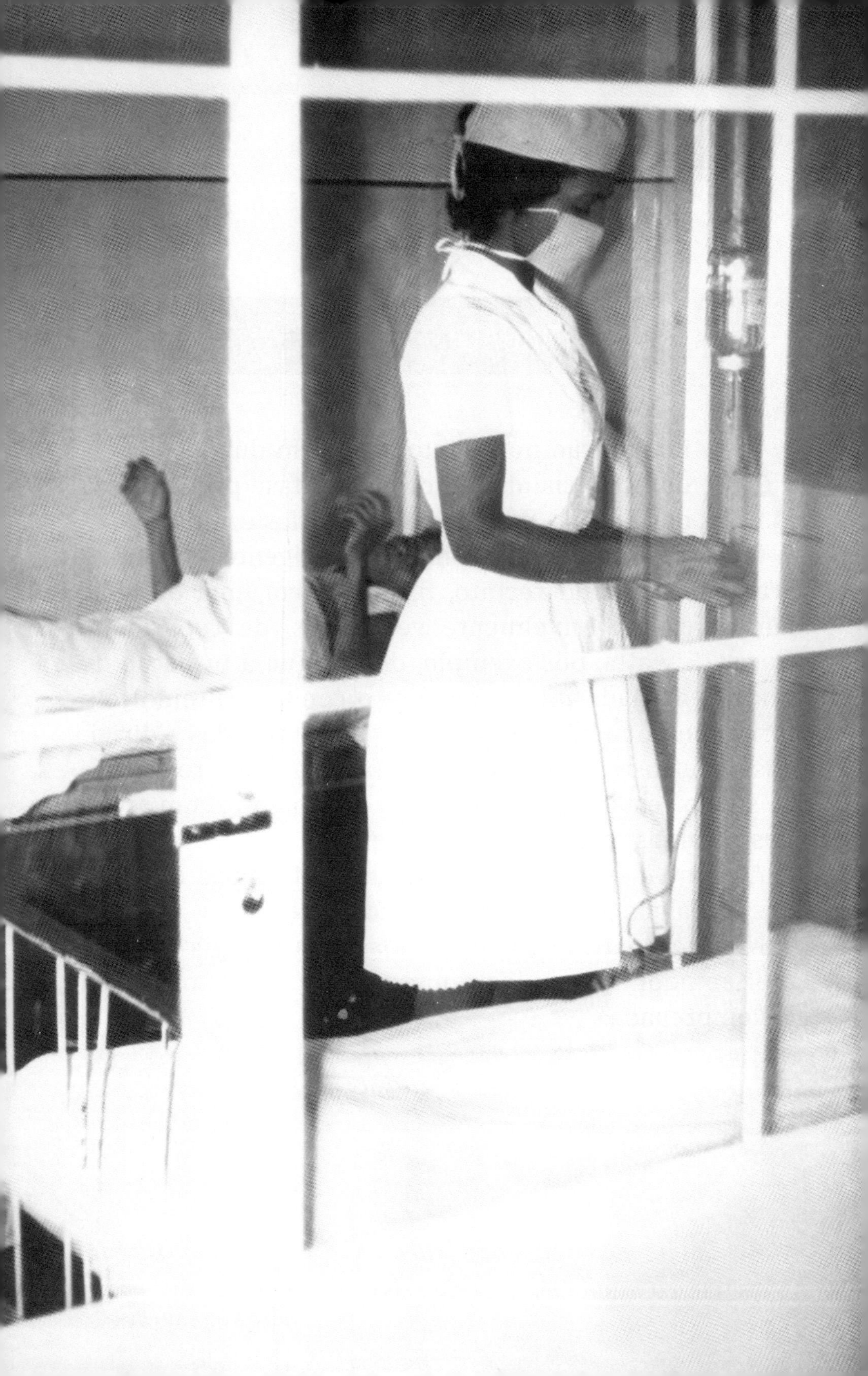

18 ISOLAMENTO HOSPITALAR

A desobsessão abrange em si obra hospitalar das mais sérias.

Compreenda-se que o espaço a ela destinado, entre quatro paredes, guarda a importância de uma enfermaria, com recursos adjacentes da Espiritualidade Maior para tratamento e socorro das mentes desencarnadas, ainda conturbadas ou infelizes.

Arrede-se da desobsessão qualquer sentido de curiosidade intempestiva ou de formação espetaculosa.

Coloquemo-nos no lugar dos desencarnados em desequilíbrio e entenderemos, de pronto, a inoportunidade da presença de qualquer pessoa estranha à obra assistencial dessa natureza.

O amparo e o esclarecimento aos Espíritos dementados ou sofredores é serviço para quem possa compreendê-los e amá-los, respeitando-lhes a dor.

Daí nasce o impositivo de absoluto isolamento hospitalar para o recinto dedicado a semelhantes serviços de socorro e esclarecimento, entendendo-se, desse modo, que a desobsessão, tanto quanto possível, deve ser praticada de preferência no templo espírita, em vez de ambientes outros, de caráter particular.

Nesse sentido, é importante que os obreiros da desobsessão, notadamente os médiuns psicofônicos e os médiuns esclarecedores, visitem os hospitais e casas destinadas à segregação de determinados enfermos, para compreenderem com segurança o imperativo de respeitosa cautela no trato com os Espíritos revoltados e desditosos.

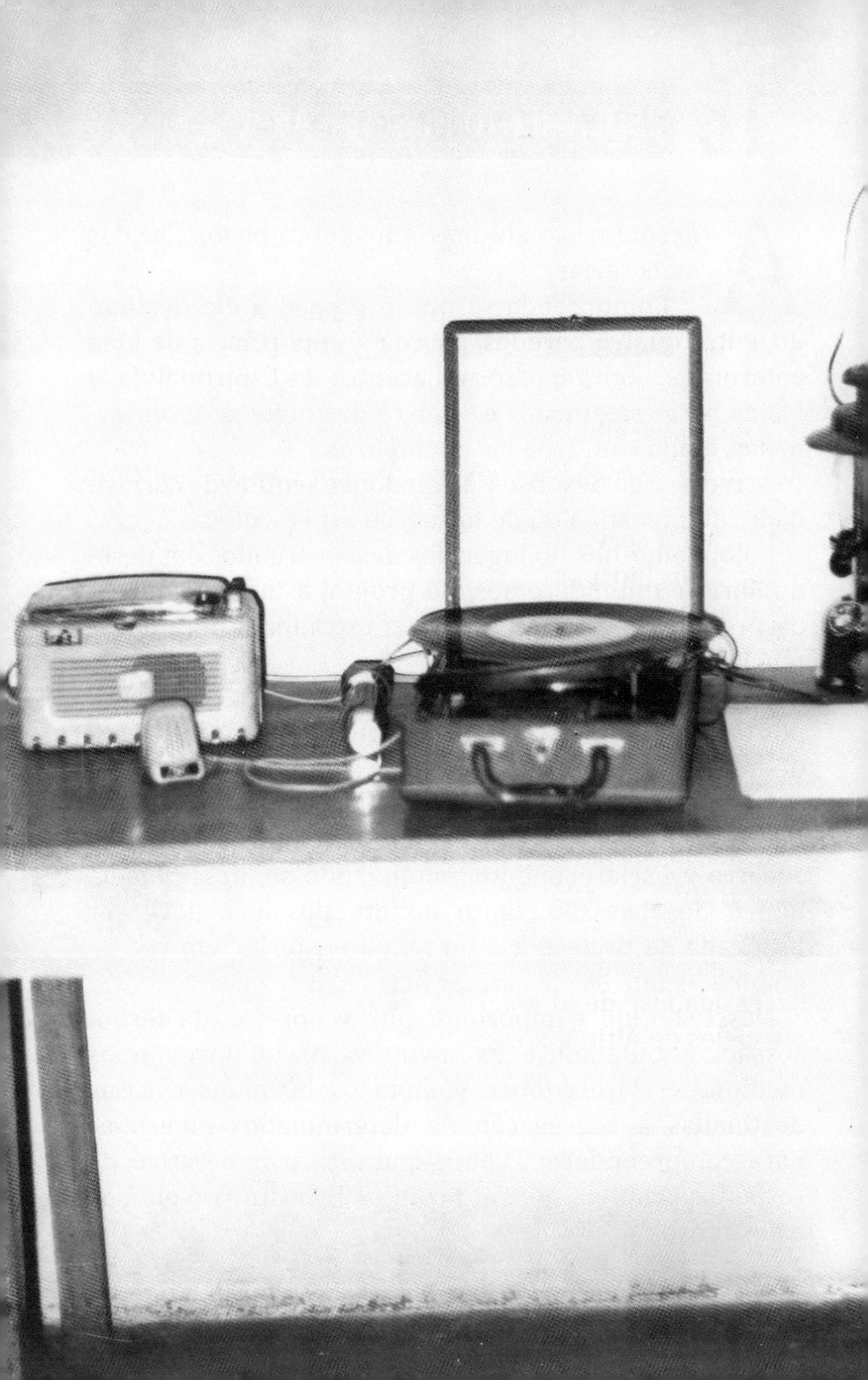

19 APARELHOS ELÉTRICOS

Os aparelhos elétricos, no recinto, quando a desobsessão seja efetuada em lugar capaz de utilizá-los, devem ser restritos a uma lanterna elétrica, destinada à serventia eventual, e, quando seja possível, a um aparelho para gravação de vozes das entidades, notadamente aquelas que se caracterizam por manifestações construtivas, para que se lhes fixem os ensinos ou experiências com objetivo de estudo.

Repitamos que o grupo apenas usará o aparelho para gravação de vozes, quando semelhante medida esteja em suas possibilidades, sem que isso seja fator essencial e inadiável à realização do programa em pauta.

O dirigente da reunião ou o companheiro indicado para o manejo desses engenhos precisa, porém, estar atento, verificando-lhes o estado e o funcionamento antes das atividades da equipe, prevenindo quaisquer necessidades, de maneira a evitar aborrecimentos e atropelos de última hora.

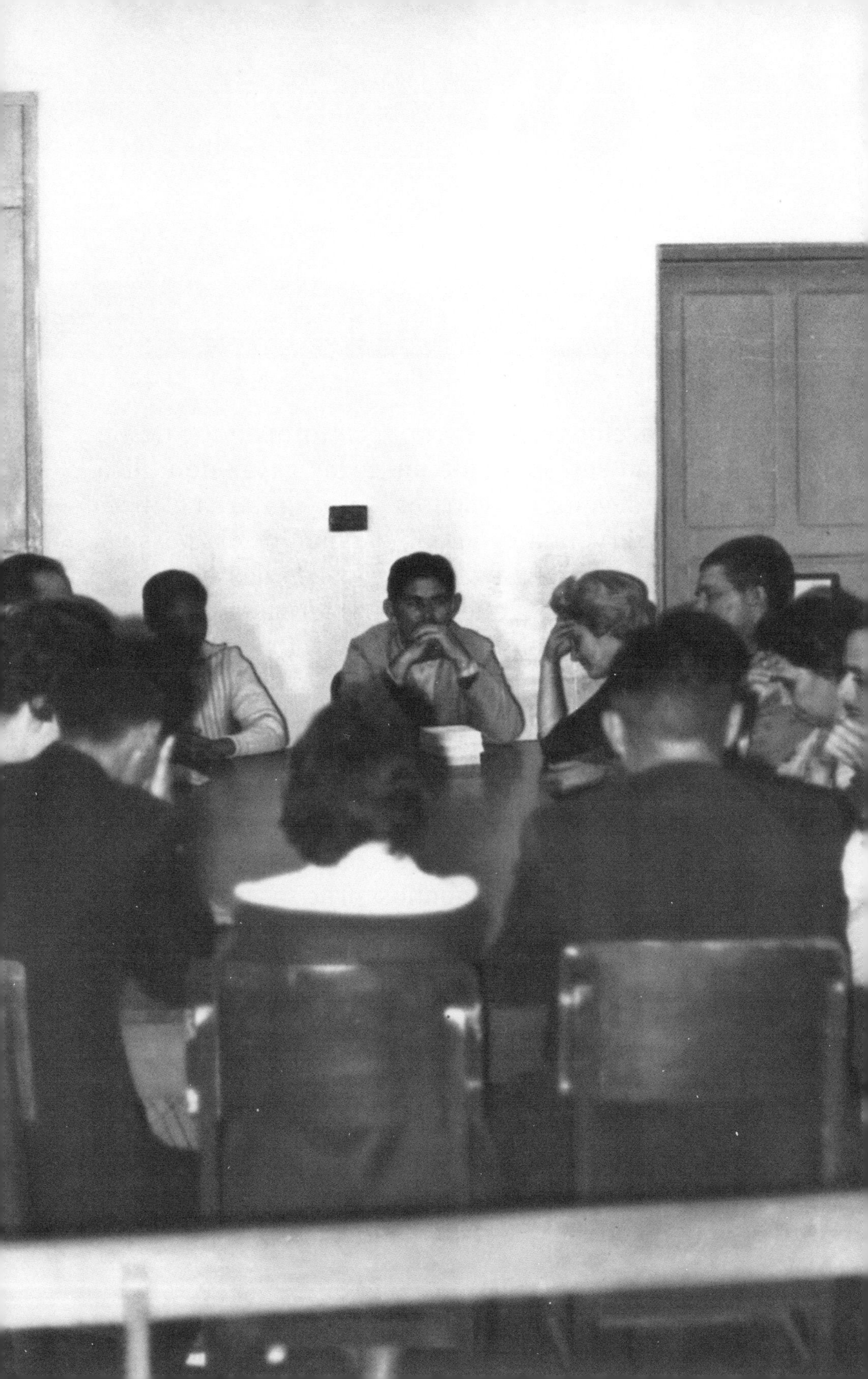

20 COMPONENTES DA REUNIÃO

Os componentes da reunião, que nunca excederão o número de 14, conservem, acima de tudo, elevação de pensamentos e correção de atitudes, antes, durante e depois de cada tarefa.

Nenhuma preocupação com paramentos ou vestes especiais.

Compenetrem-se de que se acham no recinto exercendo fraternalmente um mandato de confiança.

Na Doutrina Espírita não há lugar para fé cega. Evitem-se, no entanto, no ambiente da desobsessão, pesquisas ociosas e vãs indagações, críticas e expectações insensatas.

Todos os componentes da equipe assumirão funções específicas. Num grupo de 14 integrantes, por exemplo, trabalharão dois a quatro médiuns esclarecedores; dois a quatro médiuns passistas e quatro a seis médiuns psicofônicos.

Os médiuns esclarecedores e passistas, além dos deveres específicos que se lhes assinala, servirão, ainda, na condição de elementos positivos de proteção e segurança para os médiuns psicofônicos, sempre que estes forem mobilizados em serviço. Imprescindível reconhecer que todos os participantes do conjunto são equiparáveis a pilhas fluídicas ou lâmpadas, que estarão sensibilizadas ou não para os efeitos da energia ou da luz que se lhes pede em auxílio dos que jazem na sombra de espírito. Daí o imperativo do teor vibratório elevado nos componentes da reunião, a fim de que os doentes da alma se reaqueçam para o retorno ao equilíbrio e ao discernimento.

Os componentes encarnados da reunião não se rendam ao sono nas tarefas dedicadas à desobsessão, para se evitarem desdobramentos desnecessários da personalidade, cabendo-nos salientar igualmente que nas realizações dessa natureza não devem comparecer quaisquer outras demonstrações ou experiências de mediunidade.

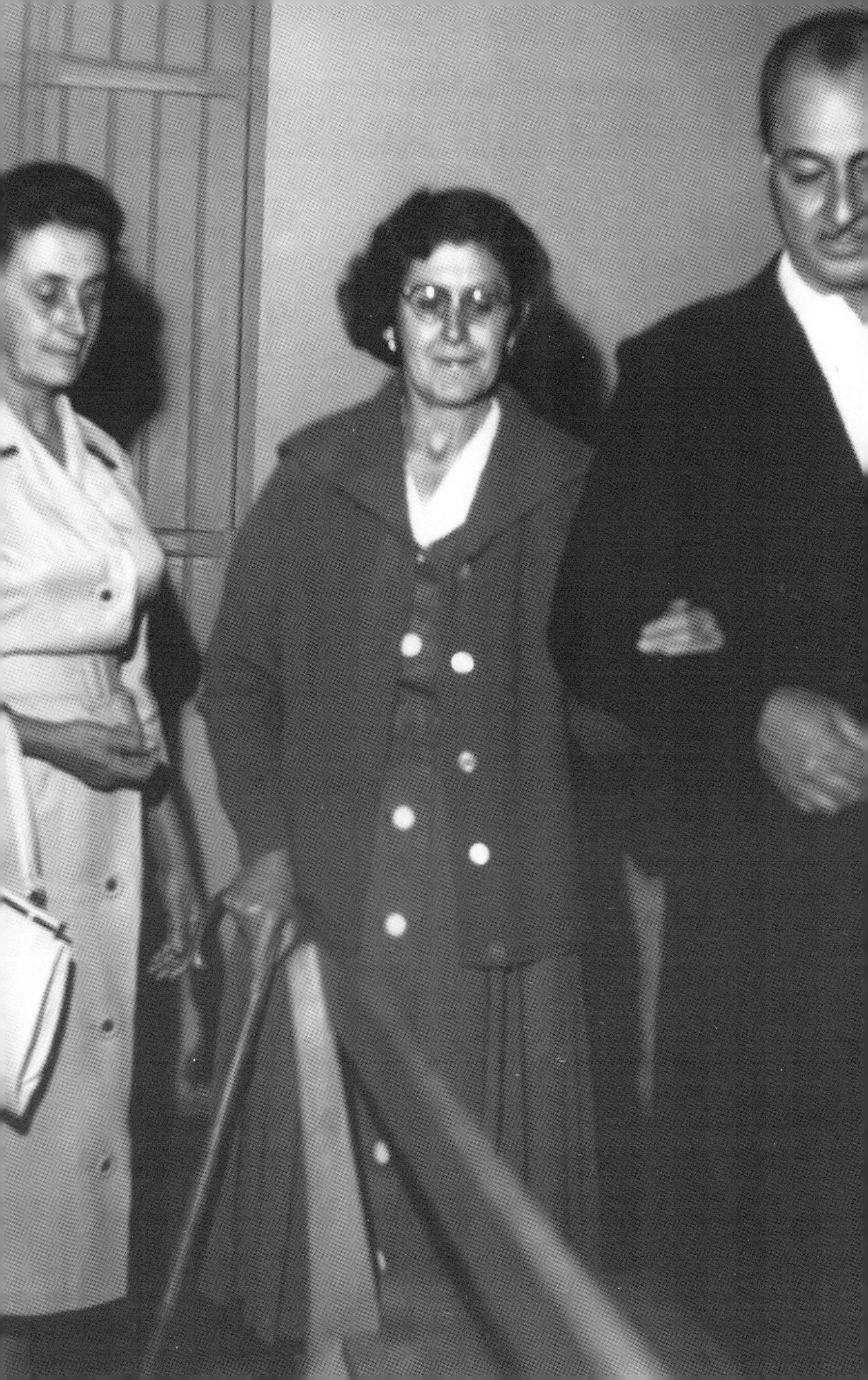

21 VISITANTES

O serviço de desobsessão não é um departamento de trabalho para cortesias sociais que, embora respeitáveis, não se compadecem com a enfermagem espiritual a ser desenvolvida, em benefício de irmãos desencarnados que amargas dificuldades atormentam.

Ainda assim, há casos em que companheiros da construção espírita-cristã, quando solicitem permissão para isso, podem ter acesso ao serviço, em caráter de observação construtiva; entretanto, é forçoso preservar o cuidado de não acolhê-los em grande número para que o clima vibratório da reunião não venha a sofrer mudanças inoportunas.

Essas visitas, no entanto, devem ser recebidas apenas de raro em raro, e em circunstâncias realmente aceitáveis no plano dos trabalhos de desobsessão, principalmente quando objetivem a fundação de atividades congêneres. E antes da admissão necessária é imperioso que os mentores espirituais do grupo sejam previamente consultados, por respeito justo às responsabilidades que abraçam, em favor da equipe, muito embora saibamos que a orientação das atividades espíritas vigora na própria Doutrina Espírita e não no arbítrio dos amigos desencarnados, mesmo aqueles que testemunhem elevada condição.

Compreende-se que os visitantes não necessitem de comparecimento que exceda de três a quatro reuniões.

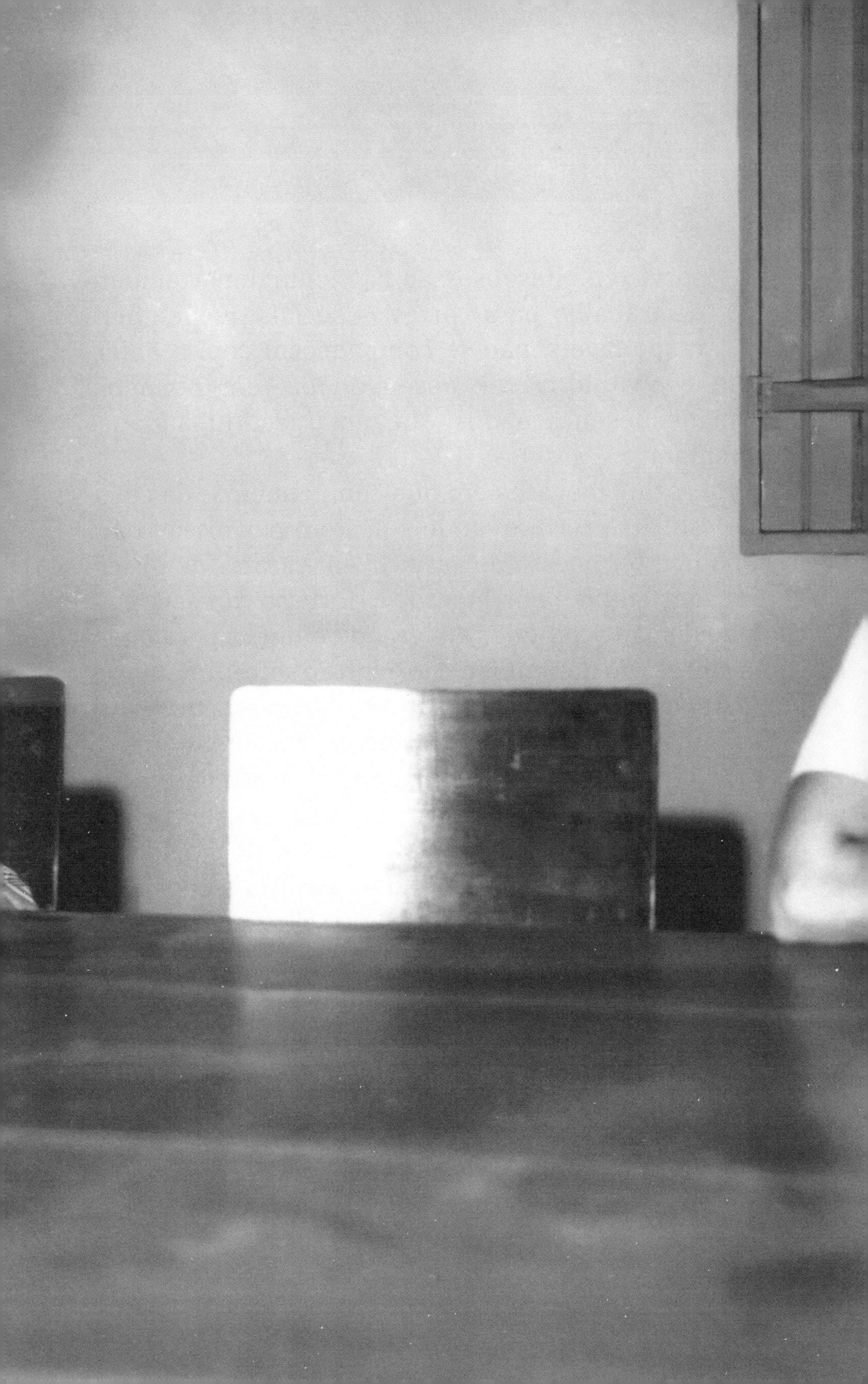

22 AUSÊNCIA JUSTIFICADA

Frequentemente, surge o caso da impossibilidade absoluta de comparecimento desse ou daquele companheiro às atividades predeterminadas.
Uma viagem rigorosamente inadiável...
Um problema caseiro de grave expressão...
Exigência profissional inopinada...
Enfermidade súbita...
Que o amigo numa situação assim não olvide o compromisso em que se acha incurso na obra de desobsessão e expeça um aviso direto, sempre que possível com antecedência, mesmo de horas ou minutos, ao dirigente da reunião, justificando a ausência, para evitar indisciplinas que ocorrerão fatalmente, no campo mental do grupo, através de apreensões e considerações descabidas.
De qualquer modo, ainda mesmo com número reduzido de participantes, a reunião pode ser efetuada.

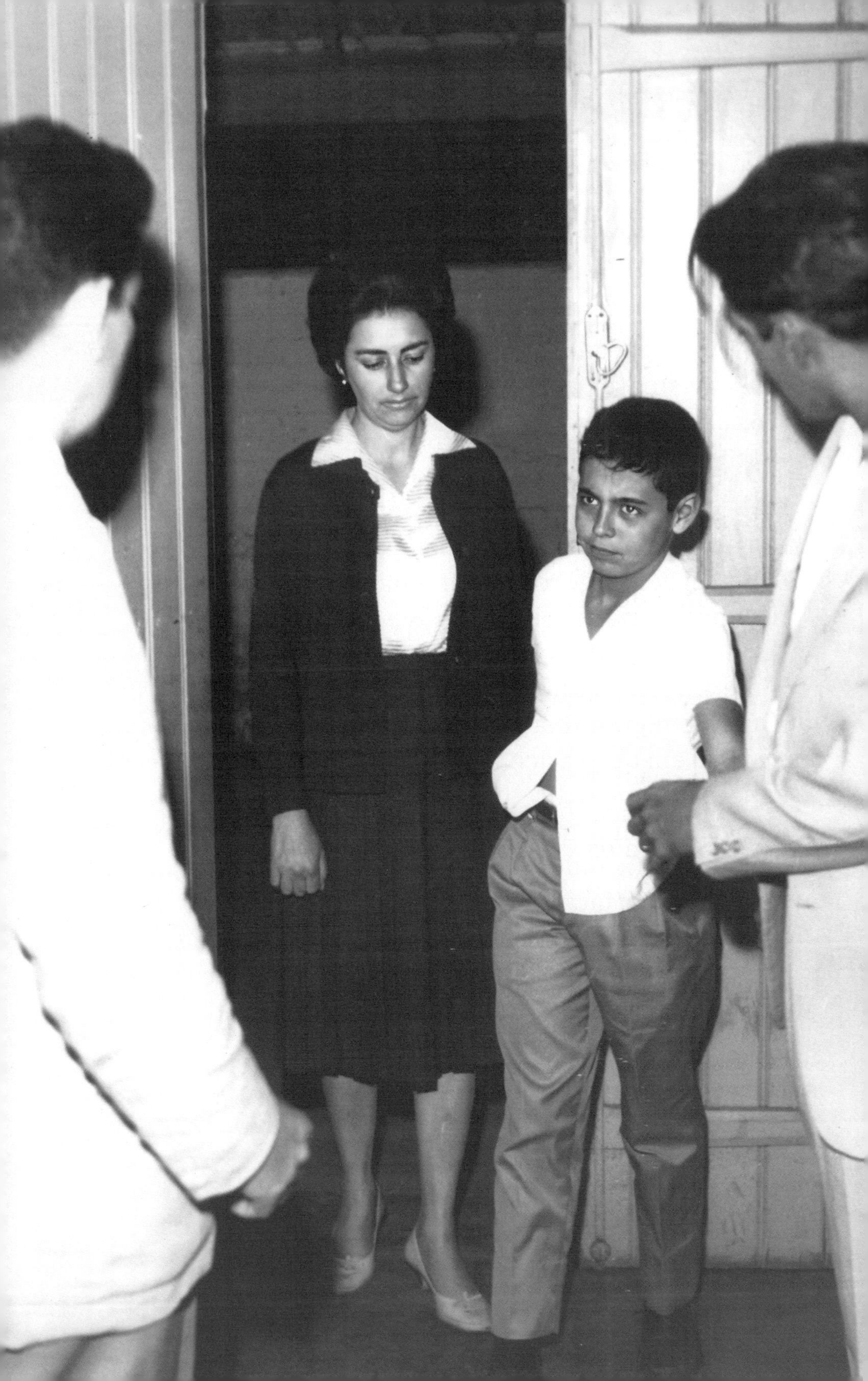

23 CHEGADA INESPERADA DE DOENTE

Em algumas ocasiões aparece um problema súbito: a chegada de enfermos ou de obsidiados sem aviso prévio, sejam adultos ou crianças.

Necessário que o discernimento do conjunto funcione, ativo.

Na maioria dos acontecimentos dessa ordem, o doente e os acompanhantes podem ser admitidos por momentos rápidos, na fase preparatória dos serviços programados, recebendo passes e orientação para que se dirijam a órgãos de assistência ou doutrinação competentes, trabalho esse que será executado pelos componentes que o diretor da reunião designará.

Findo o socorro breve, retirar-se-ão do recinto.

Nesses casos se enquadram igualmente os obsessos apenas influenciados ou fixados em fase inicial de perturbação, para os quais o contato com os comunicantes, menos felizes ou francamente conturbados, sem a devida preparação, é sempre inconveniente ou prejudicial, pela suscetibilidade e pelas sugestões negativas que apresentam na semilucidez em que se encontram.

Diante, porém, dos processos da obsessão indiscutivelmente instalada, o grupo deve e pode acolher o obsidiado e seus acompanhantes, acomodando-os no banco ou nas cadeiras, colocados à retaguarda, onde receberão a assistência precisa.

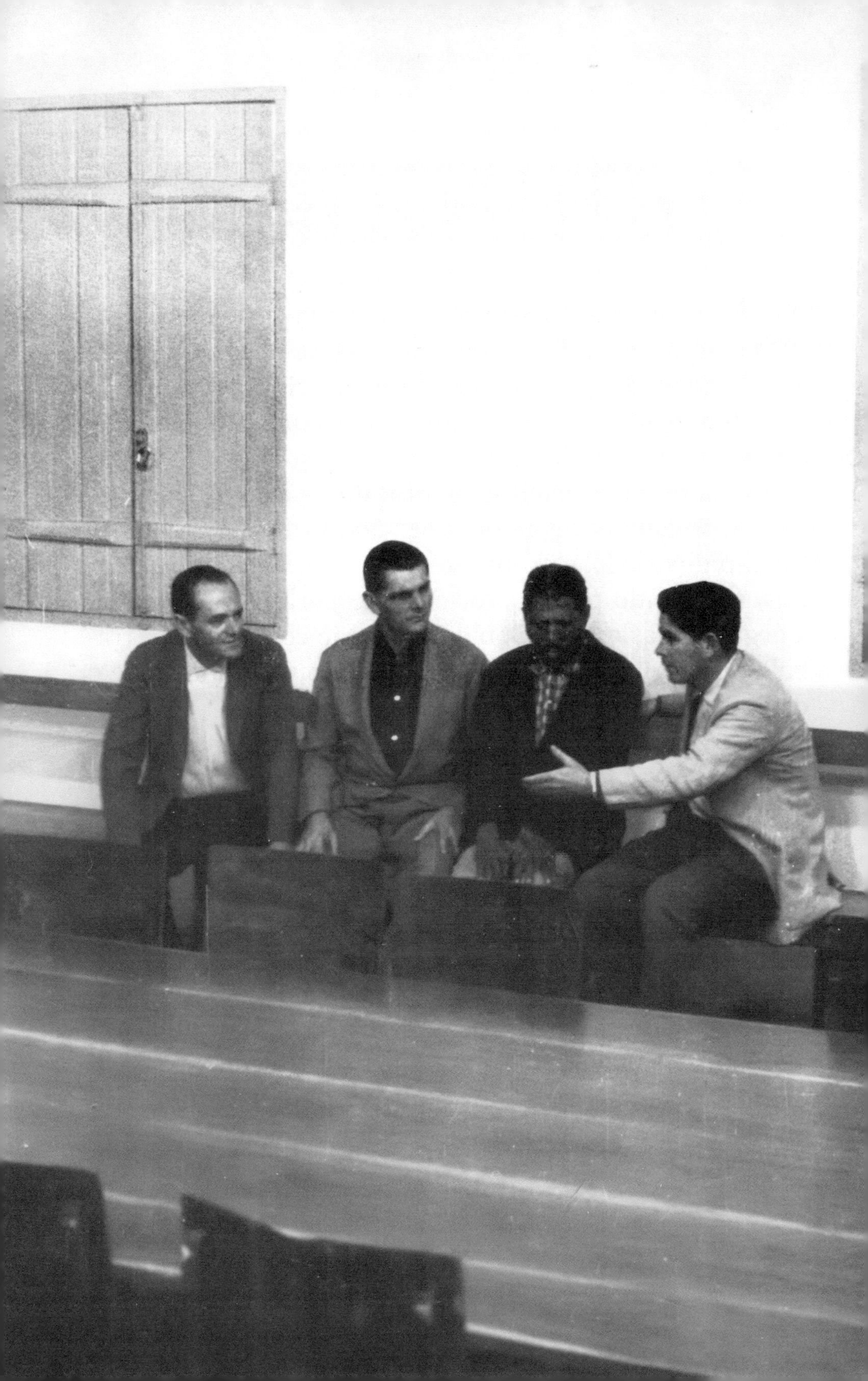

24 MÉDIUNS ESCLARECEDORES

Na equipe em serviço, os médiuns esclarecedores, mantidos sob a condução e inspiração dos benfeitores espirituais, são os orientadores da enfermagem ou da assistência aos sofredores desencarnados. Constituídos pelo dirigente do grupo e seus assessores, são eles que os instrutores da Vida Maior utilizam em sentido direto para o ensinamento ou o socorro necessários.

Naturalmente que a esses companheiros compete um dos setores mais importantes da reunião.

Vejamos alguns dos itens do trabalho fundamental que se lhes assinala:

1. Guardarem atenção no campo intuitivo, a fim de registar,[3] com segurança, as sugestões e os pensamentos dos benfeitores espirituais que comandam as reuniões;
2. Tocar no corpo do médium em transe somente quando necessário;
3. Estudar os casos de obsessão, surgidos na equipe de médiuns psicofônicos, que devam ser tratados na órbita da psiquiatria, a fim de que a assistência médica seja tomada na medida aconselhável;
4. Cultivar o tato psicológico, evitando atitudes ou palavras violentas, mas fugindo da doçura sistemática que anestesia a mente sem renová-la, na convicção de que é preciso aliar raciocínio e sentimento, compaixão e lógica, a fim de que a aplicação do socorro verbalista alcance o máximo rendimento;
5. Impedir a presença de crianças nas tarefas da desobsessão.

Outros aspectos de suas funções são lembrados nos capítulos 13 e 32 a 37.

---

3   N.E.: Forma pouco usual para o verbo "registrar".

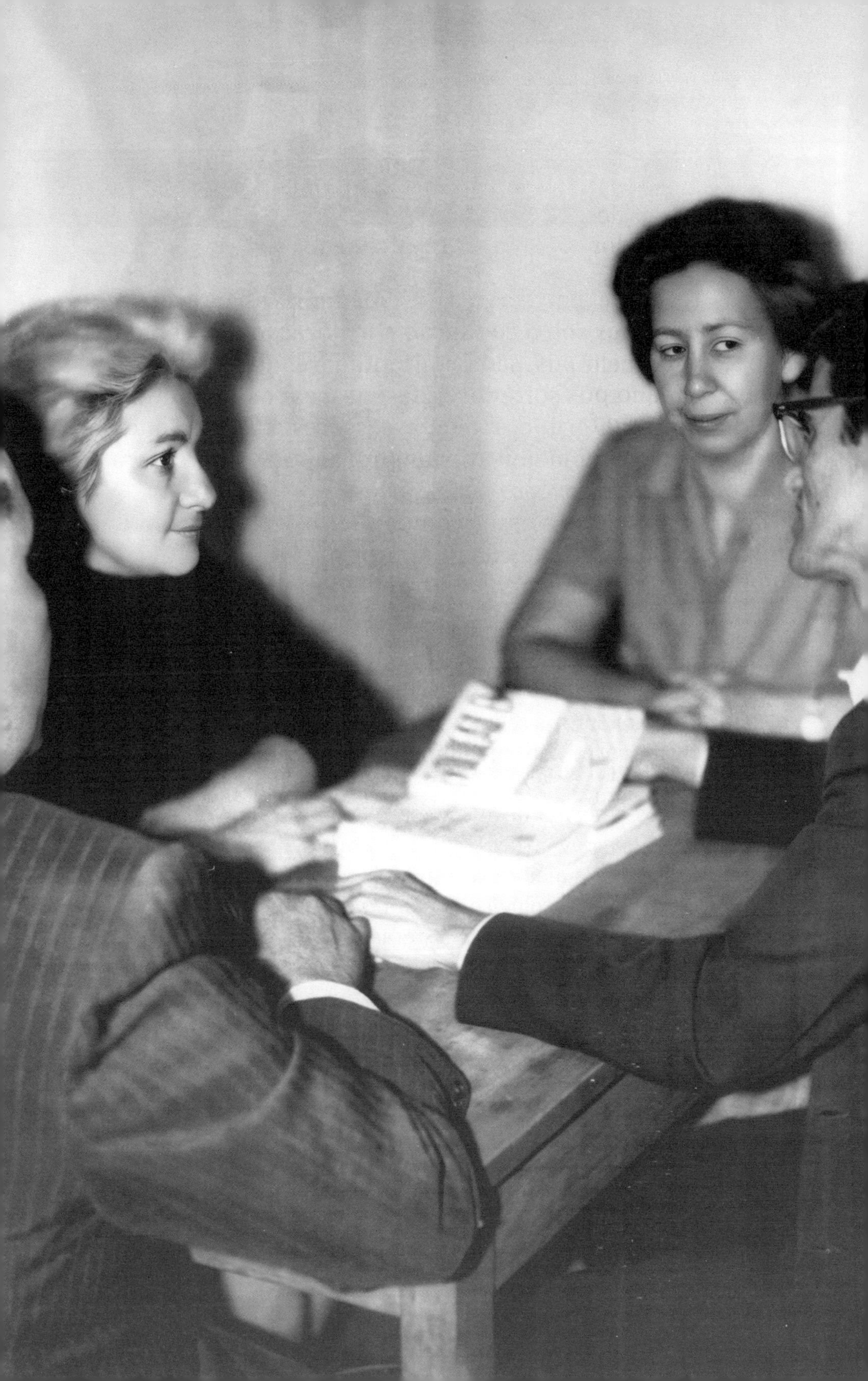

25 EQUIPE MEDIÚNICA: PSICOFÔNICOS

Na obra da desobsessão, os médiuns psicofônicos são aqueles chamados a emprestar recursos fisiológicos aos sofredores desencarnados para que estes sejam socorridos. Deles se pede atitude de fé positiva, baseada na certeza de que a Espiritualidade Superior lhes acompanha o trabalho em moldes de zelo e supervisão. Compreendendo que ninguém é chamado por acaso à tarefa de tamanha envergadura moral, verificarão facilmente que, da passividade construtiva que demonstrem, depende o êxito da empreitada de luz e libertação em que foram admitidos.

Atentos à função especial de colaboradores e medianeiros em que se acham situados, é justo se lhes rogue o cuidado para alguns pontos julgados essenciais ao êxito e à segurança da atividade que se lhes atribui:

1. desenvolvimento da autocrítica;
2. aceitação dos próprios erros, em trabalho medianímico, para que se lhes apure a capacidade de transmissão;
3. reconhecimento de que o médium é o responsável pela comunicação que transmite;
4. abstenção de melindres ante apontamentos dos esclarecedores ou dos companheiros, aproveitando observações e avisos para melhorar-se em serviço;
5. fixação num só grupo, evitando as inconveniências do compromisso de desobsessão em várias equipes ao mesmo tempo;
6. domínio completo sobre si próprio, para aceitar ou não a influência dos Espíritos desencarnados, inclusive reprimir todas as expressões e palavras obscenas ou injuriosas, que essa ou aquela entidade queira pronunciar por seu intermédio;
7. interesse real na melhoria das próprias condições de sentimento e cultura;
8. defesa permanente contra bajulações e elogios, conquanto saiba agradecer o estímulo e a amizade de quantos lhes incentivem o coração ao cumprimento do dever;
9. discernimento natural da qualidade dos Espíritos que lhes procurem as faculdades, seja pelas impressões de presença, linguagem, eflúvios magnéticos, seja pela conduta geral;
10. uso do vestuário que lhes seja mais cômodo para a tarefa, alijando-se, porém, dos objetos que costumem trazer jungidos ao corpo, como relógios, canetas, óculos e joias.

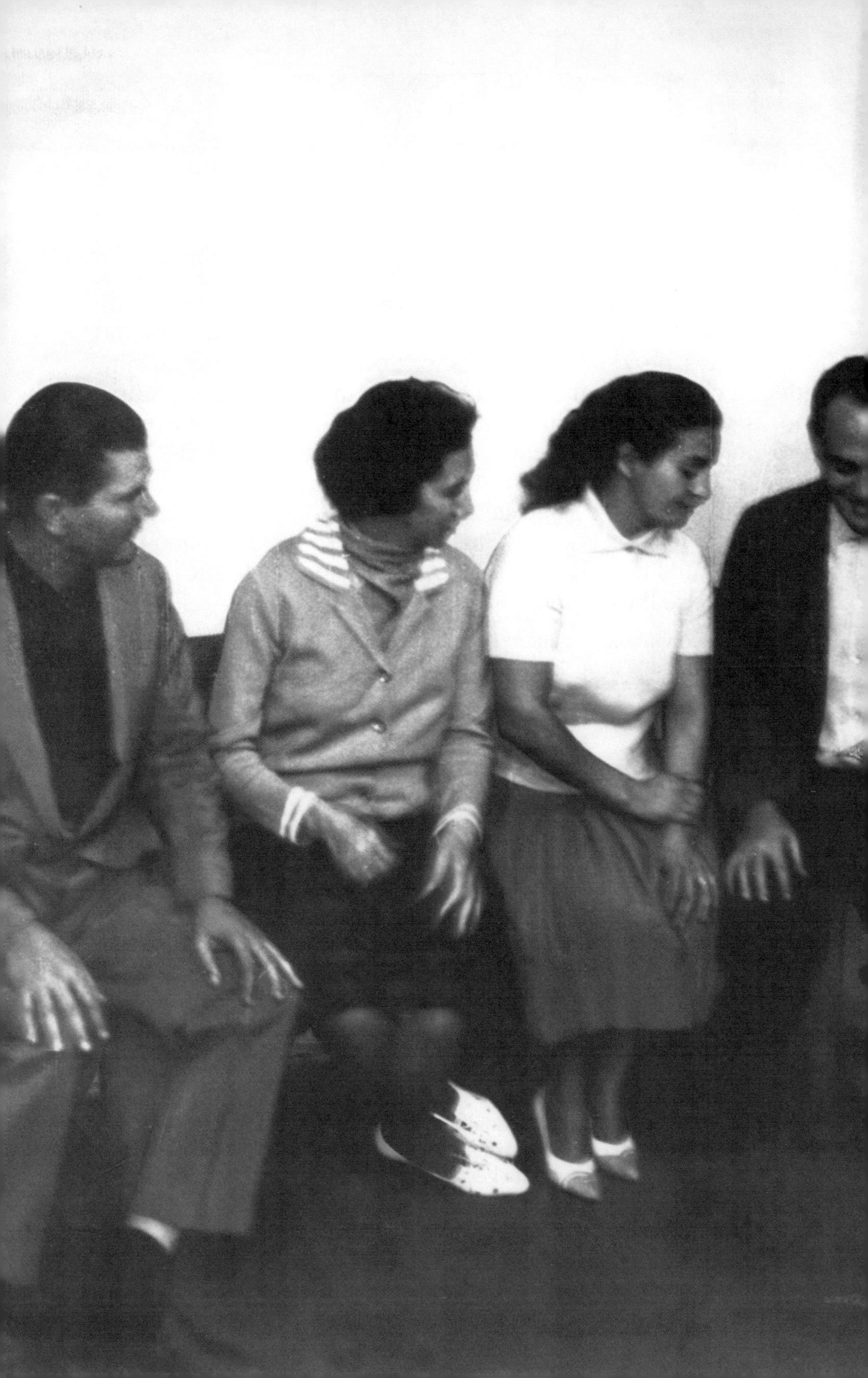

26 EQUIPE MEDIÚNICA: PASSISTAS

Entre os seareiros do bem que integram o conjunto, destaca-se, como de particular valimento, a colaboração dos médiuns passistas, que permanecerão atentos ao concurso eventual que se lhes peça, no transcurso da reunião.

Diligência e devotamento.

Vigilância e espontaneidade.

Agora é um problema que irrompe entre os próprios colegas de atividade; em seguida, um que outro médium psicofônico possivelmente caído em exaustão; depois, o pedido de auxílio para esse ou aquele dos assistentes a lhes solicitarem concurso, e, por fim, a assistência de rotina, na fase terminal do trabalho.

Os medianeiros do passe traçarão a si mesmos as disciplinas aconselháveis em matéria de alimentação e adestramento, a fim de corresponderem plenamente ao trabalho organizado para o grupo em sua edificação assistencial, entendendo-se que os médiuns esclarecedores, se necessário, acumularão também as funções de médiuns passistas, mas não a de psicofônicos, de modo a não se deixarem influenciar por Espíritos enfermos.

Allan Kardec
O Livro dos Espíritos
Allan Kardec
O Evangelho segundo o Espiritismo

27 LIVROS PARA LEITURA

Os livros para leitura preparatória no grupo serão, de preferência:

1. *O evangelho segundo o espiritismo;*
2. *O livro dos espíritos;*
3. uma obra subsidiária que comente os princípios kardequianos à luz dos ensinamentos do Cristo.

Bastarão esses recursos, porquanto neles sintonizar-se-ão os assistentes no mesmo padrão de pensamento, acerca dos temas vitais do Espiritismo Cristão, compondo clima vibratório adequado ao trabalho em mira.

O livro dos médiuns e obras técnicas correlatadas não devem ser lidos nas reuniões de desobsessão, mas sim em oportunidades adequadas, referidas nos capítulos 66 e 72.

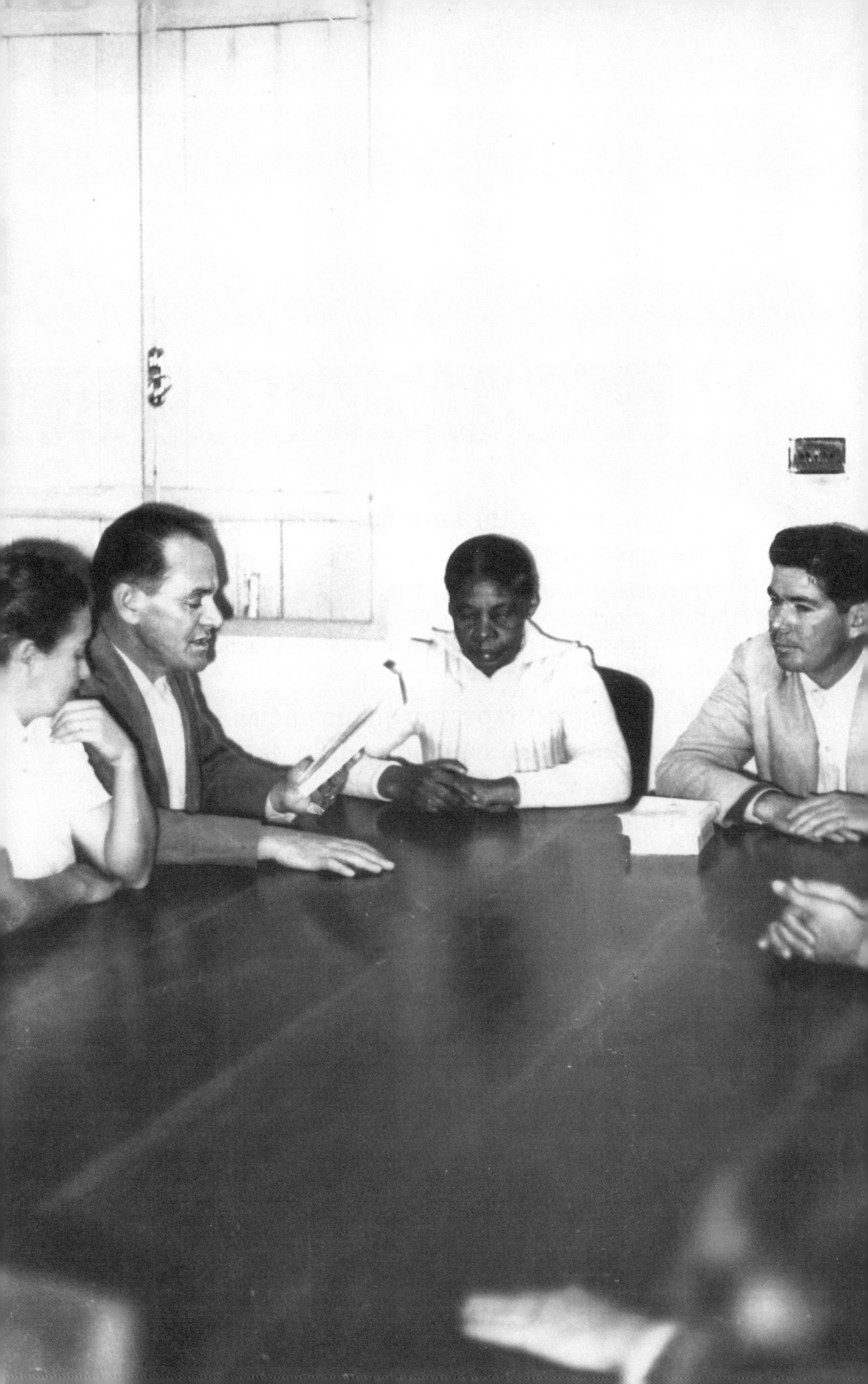

28 LEITURA PREPARATÓRIA

A leitura preparatória, que não ultrapassará o tempo limite de 15 minutos, constituir-se-á, preferentemente, de um dos itens de *O evangelho segundo o espiritismo*, seguindo-se-lhe uma das questões de *O livro dos espíritos*, com trecho de um dos livros de comentários evangélicos, acerca da obra de Allan Kardec.

Efetuada a leitura, o dirigente retirará os livros de sobre a mesa, situando-os em lugar próprio.

O contato com o ensino espírita, antes do intercâmbio com os irmãos desencarnados, ainda sofredores, dispõe o ambiente à edificação moral, favorecendo a integração vibratória do grupo para o socorro fraterno a ser desenvolvido.

O conjunto evitará entretecer comentários sobre os temas expostos, atento que precisa estar em uníssono à recepção das entidades enfermas em expectativa, quase sempre aguardando alívio com angustiosa ansiedade.

Repitamos, assim: o dirigente providenciará a leitura, aproximadamente 15 minutos antes do momento marcado para o início do intercâmbio, pronunciando a prece de abertura, depois de lida a página última, com o que se iniciarão, para logo, as tarefas programadas.

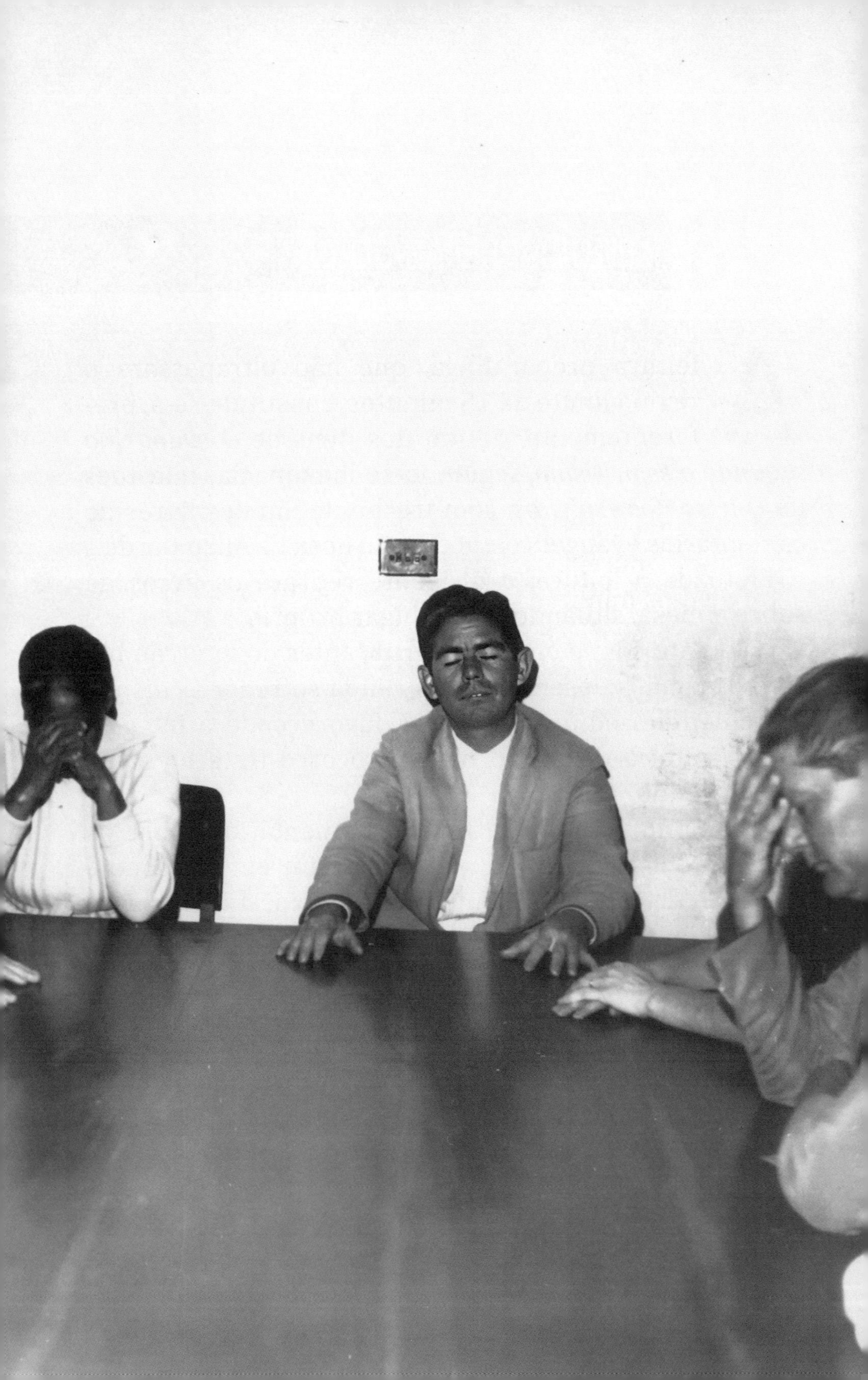

29 PRECE INICIAL

Sobrevindo o momento exato em que a reunião terá começo, o orientador diminuirá o teor da iluminação e tomará a palavra, formulando a prece inicial.

Cogitará, porém, de ser preciso, não se alongando além de dois minutos.

Há quem prefira a oração decorada; todavia, é aconselhável que o dirigente ore com suas próprias palavras, envolvendo a equipe nos sentimentos que lhe fluem da alma.

A prece, nessas circunstâncias, pede o mínimo de tempo, de vez que há entidades em agoniada espera de socorro, à feição do doente desesperado, reclamando medicação substancial. Em diversas circunstâncias, acham-se ligadas desde muitas horas antes à mente do médium psicofônico, alterando-lhe o psiquismo e até mesmo a vida orgânica, motivo pelo qual o socorro direto não deve sofrer dilação.

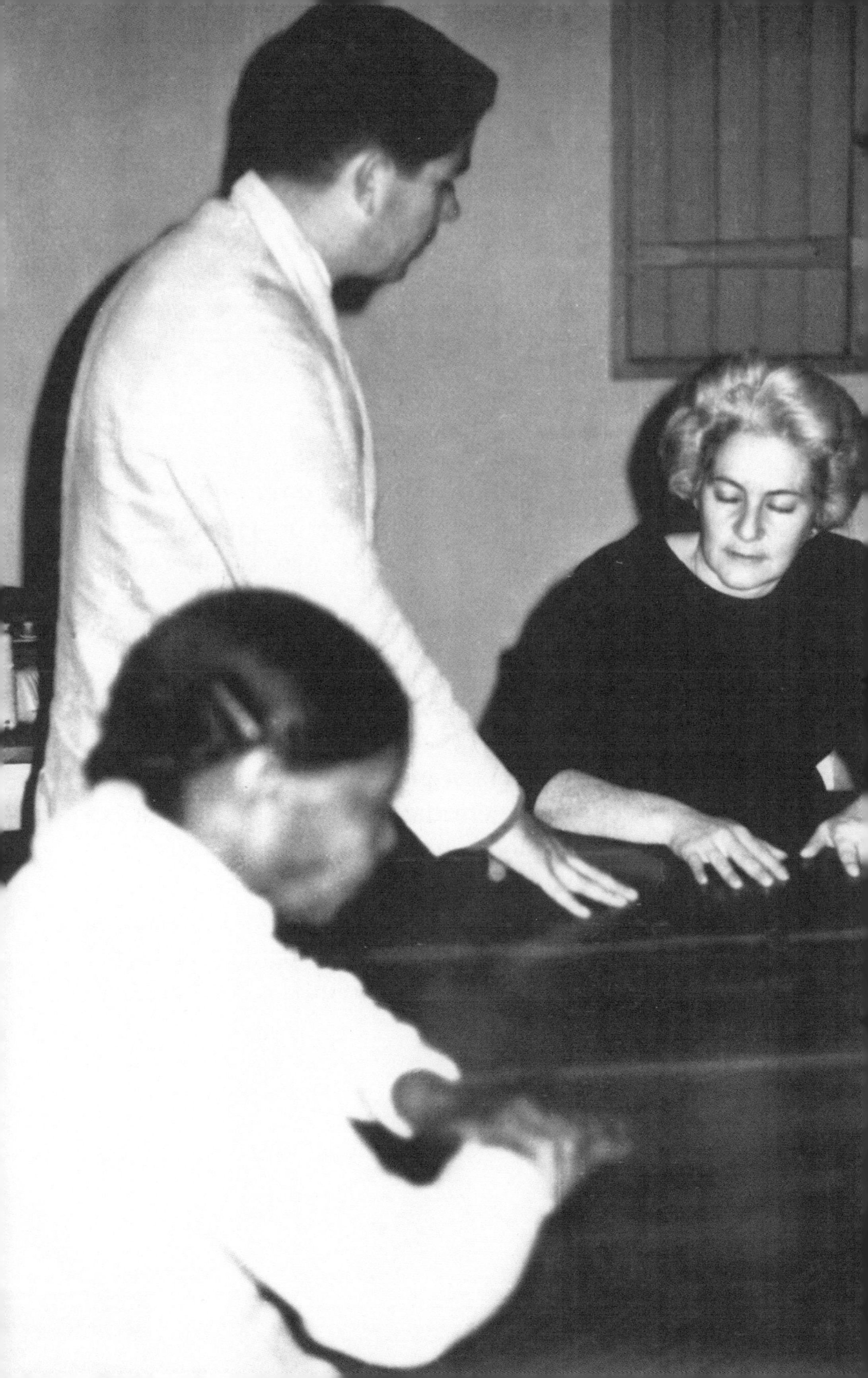

30 | MANIFESTAÇÃO INICIAL DO MENTOR

Feita a oração inicial, o dirigente e a equipe mediúnica esperarão que o mentor espiritual do grupo se manifeste pelo médium psicofônico indicado.

Essa medida é necessária, porquanto existem situações e problemas, estritamente relacionados com a ordem doutrinária do serviço, apenas visíveis a ele, e o amigo espiritual, na condição de condutor do agrupamento, perante a Vida Maior, precisará dirigir-se ao conjunto, lembrando minudências e respondendo a alguma consulta ocasional que o dirigente lhe queira fazer, transmitindo algum aviso ou propondo determinadas medidas.

Esse entendimento, no limiar do programa de trabalho a executar-se, é indispensável à harmonização dos agentes e fatores de serviço, ainda mesmo que o mentor se utilize do medianeiro tão só para uma simples oração que, evidentemente, significará tranquilidade em todos os setores da instrumentação.

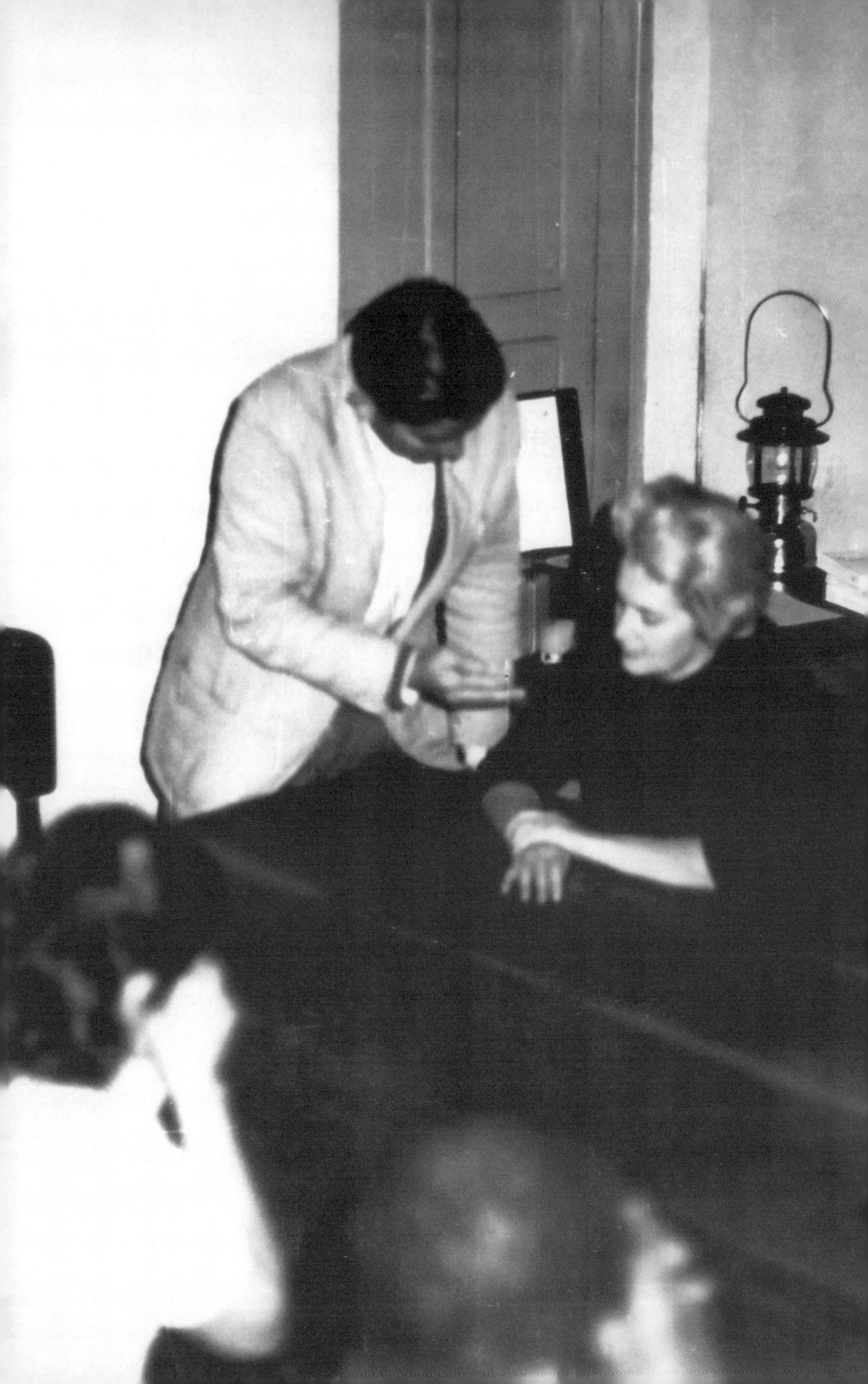

31 CONSULTAS AO MENTOR

Começada a reunião, o dirigente, por vezes, tem necessidade de ouvir o mentor espiritual para o exame de assuntos determinados.

Frequentemente, é um amigo que deseja acesso à reunião e que não pode ser acolhido sem a consulta necessária; de outras, é a localização mais aconselhável para as visitas que venham a ocorrer, é a ministração de socorro medicamentoso ou magnético a esse ou àquele companheiro que se mostre subitamente necessitado de assistência, é a pergunta inevitável e justa concernente aos problemas que sobrevenham no mecanismo da equipe, ou o pedido de cooperação em casos imprevisíveis.

Nessas circunstâncias, o dirigente esperará que o mentor finalize a pequena instrução de início, através do médium responsável, e formulará as indagações que considere inevitáveis e oportunas.

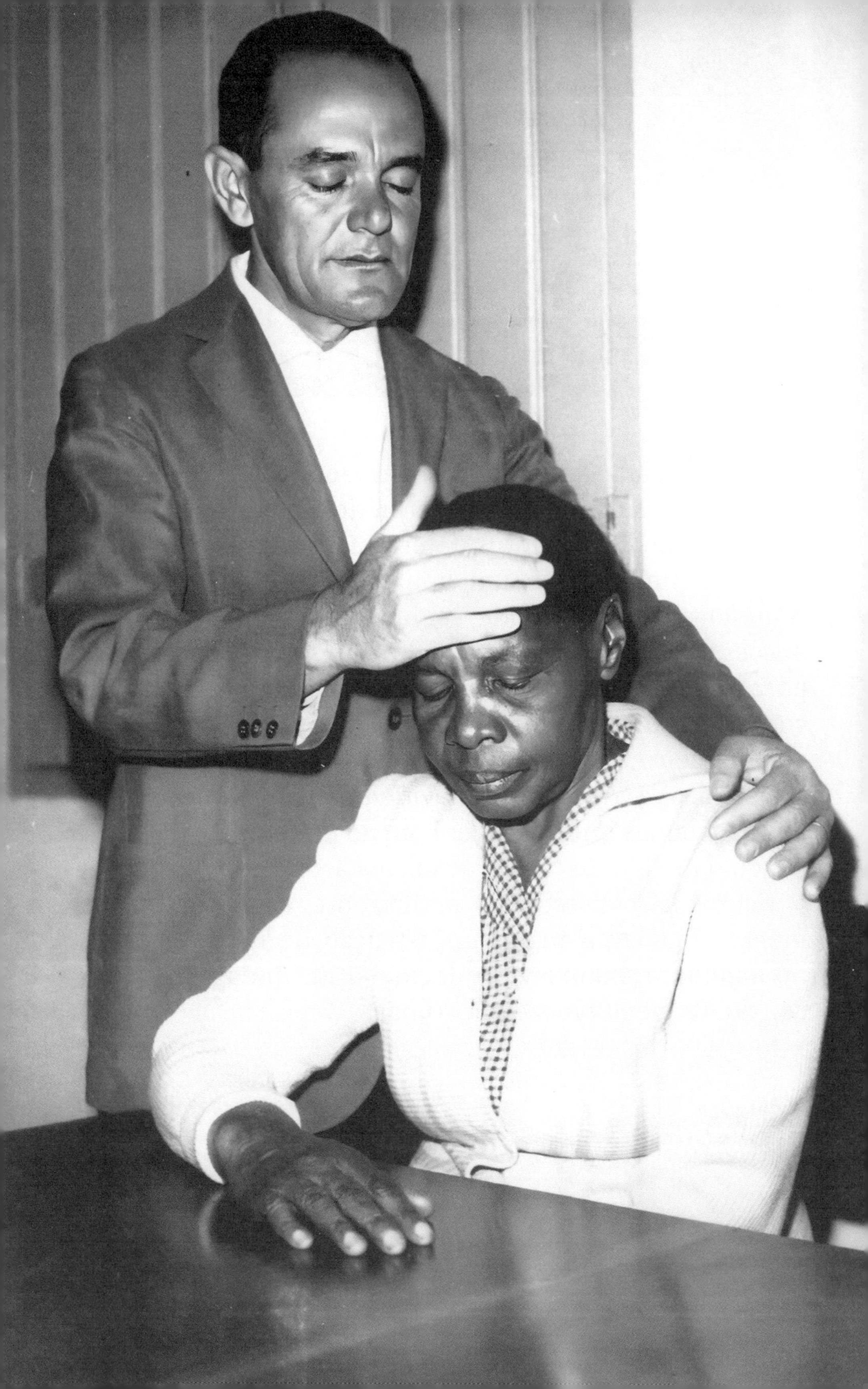

32 — MANIFESTAÇÃO DE ENFERMO ESPIRITUAL (I)

As manifestações de enfermos espirituais irão até o limite de uma hora a uma hora e meia, na totalidade delas, para que a reunião perdure no máximo por duas horas, excluída a leitura inicial.

O Espírito desencarnado em condição de desequilíbrio e sofrimento utiliza o médium psicofônico (ou mais propriamente, o médium de incorporação), com as deficiências e angústias de que é portador, exigindo a conjugação de bondade e segurança, humildade e vigilância no companheiro que lhe dirige a palavra.

Natural venhamos a compreender no visitante dessa qualidade um doente, para quem cada frase precisa ser medicamento e bálsamo. Claro que não será possível concordar com todas as exigências que formule; no entanto, não é justo reclamar-lhe entendimento normal de que se acha ainda talvez longe de possuir.

Entendamos cada Espírito sofredor qual se nos fosse um familiar extremamente querido, e acertaremos com a porta íntima, através da qual lhe falaremos ao coração.

Neste e nos próximos capítulos são indicadas algumas atitudes naturais dos médiuns psicofônicos em transe.

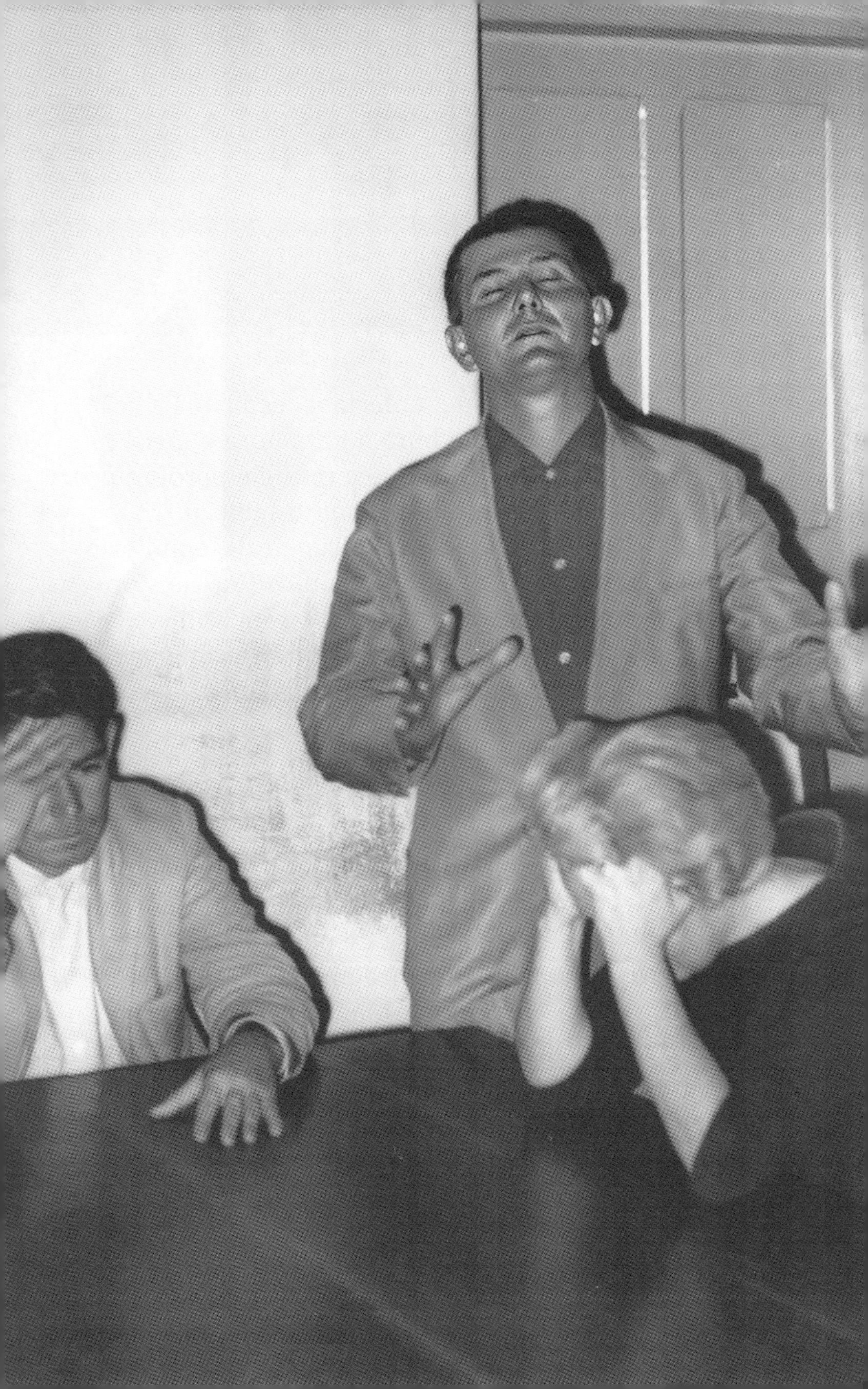

33 MANIFESTAÇÃO DE ENFERMO ESPIRITUAL (II)

Os médiuns esclarecedores, pelo que ouçam do manifestante necessitado, deduzam qual o sexo a que ele tenha pertencido, para que a conversação elucidativa se efetue na linha psicológica ideal; analisem, sem espírito de censura ou de escândalo, os problemas de animismo ou mistificação inconsciente que porventura venham a surgir, realizando o possível para esclarecer, com paciência e caridade, os médiuns e os desencarnados envolvidos nesses processos de manifestações obscuras, agindo na equipe com o senso de quem retira criteriosamente um desajuste do corpo sem comprometer as demais peças orgânicas; anulem qualquer intento de discussão ou desafio com entidades comunicantes, dando mesmo razão, algumas vezes, aos Espíritos infelizes e obsessores, reconhecendo que nem sempre a desobsessão real consiste em desfazer o processo obsessivo, de imediato, de vez que, em casos diversos, a separação de obsidiado e obsessor deve ser praticada lentamente; e pratiquem a hipnose construtiva, quando necessário, no ânimo dos Espíritos sofredores comunicantes, quer usando a sonoterapia para entregá-los à direção e ao tratamento dos instrutores espirituais presentes, efetuando a projeção de quadros mentais proveitosos ao esclarecimento, improvisando ideias providenciais do ponto de vista de reeducação, quer sugerindo a produção e ministração de medicamentos ou recursos de contenção em favor dos desencarnados que se mostrem menos acessíveis à enfermagem do grupo.

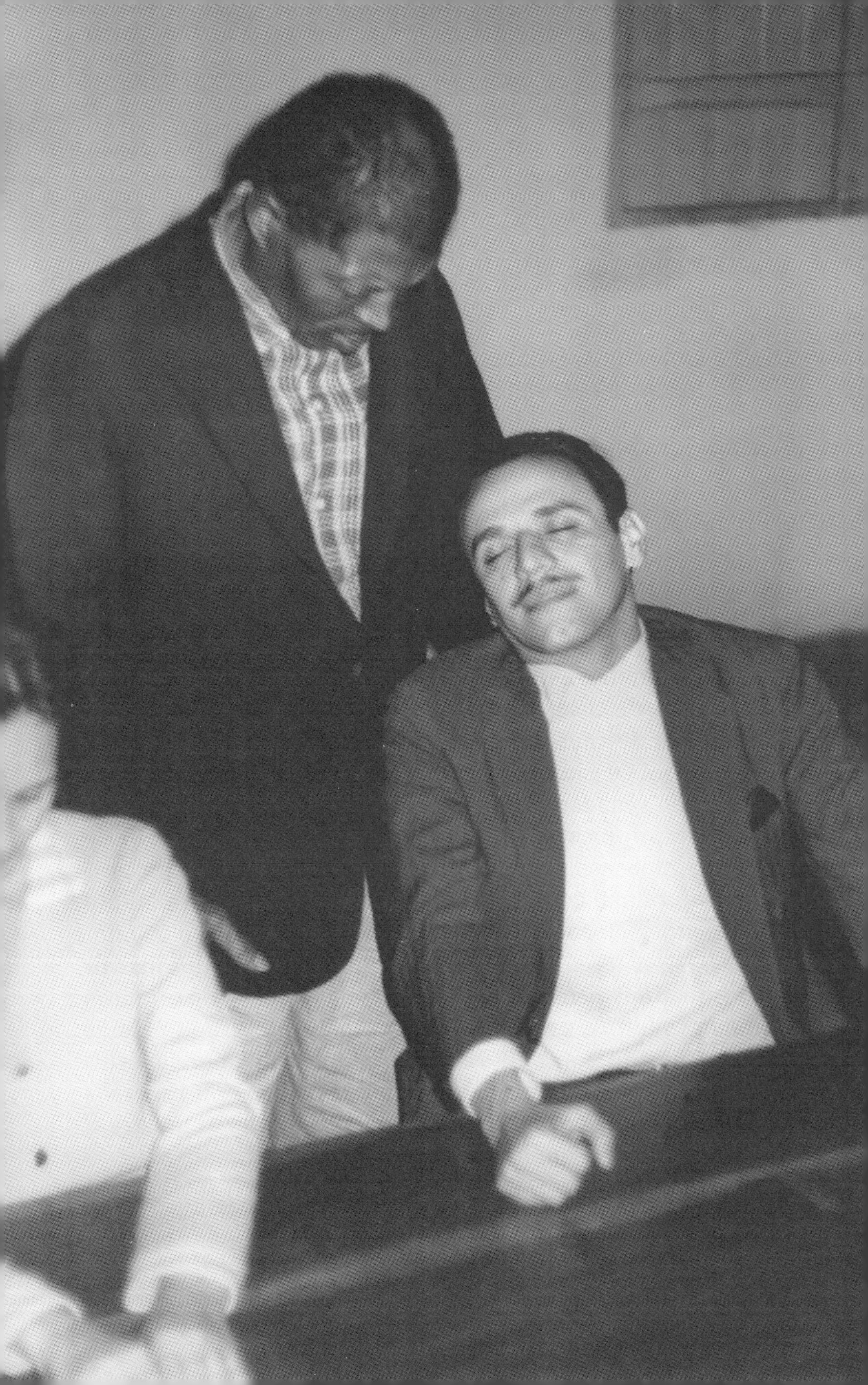

34 MANIFESTAÇÃO DE ENFERMO ESPIRITUAL (III)

No curso do trabalho mediúnico, os esclarecedores não devem constranger os médiuns psicofônicos a receberem os desencarnados presentes, repetindo ordens e sugestões nesse sentido, atentos ao preceito de espontaneidade, fator essencial ao êxito do intercâmbio.

Os esclarecedores permitirão aos Espíritos sofredores que se exprimam pelos médiuns psicofônicos tanto quanto possível, em matéria de desinibição ou desabafo, desde que a integridade dos médiuns e a dignidade do recinto sejam respeitadas, considerando, porém, que as manifestações devem obedecer às disciplinas de tempo.

Os médiuns, sejam eles esclarecedores ou psicofônicos, sustentarão o máximo cuidado para não prejudicarem as atividades espirituais que lhes competem. Alimentando dúvidas e atitudes suspeitosas, inconciliáveis com a obra de caridade que se dispõem a prestar, muitas vezes põem a perder excelentes serviços de desobsessão, por favorecerem a intromissão de Inteligências perversas.

Os médiuns de qualquer grupo de desobsessão, como aliás acontece a todo espírita, são chamados a honrar sempre e cada vez mais as obrigações de família e profissão, abstendo-se de todas as manifestações e atitudes suscetíveis de induzi-los a cair em profissionalismo religioso.

Compreendam os dirigentes e seus assessores que o esclarecimento aos desencarnados sofredores é semelhante à psicoterapia e que a reunião é tratamento em grupo, cabendo-lhes, quando e quanto possível, a aplicação dos métodos evangélicos. Observando, ainda, que a parte essencial no entendimento é atingir o centro de interesse do Espírito preso a ideias fixas, para que se lhes descongestione o campo mental, devem abster-se, desse modo, de qualquer discurso ou divagação desnecessária.

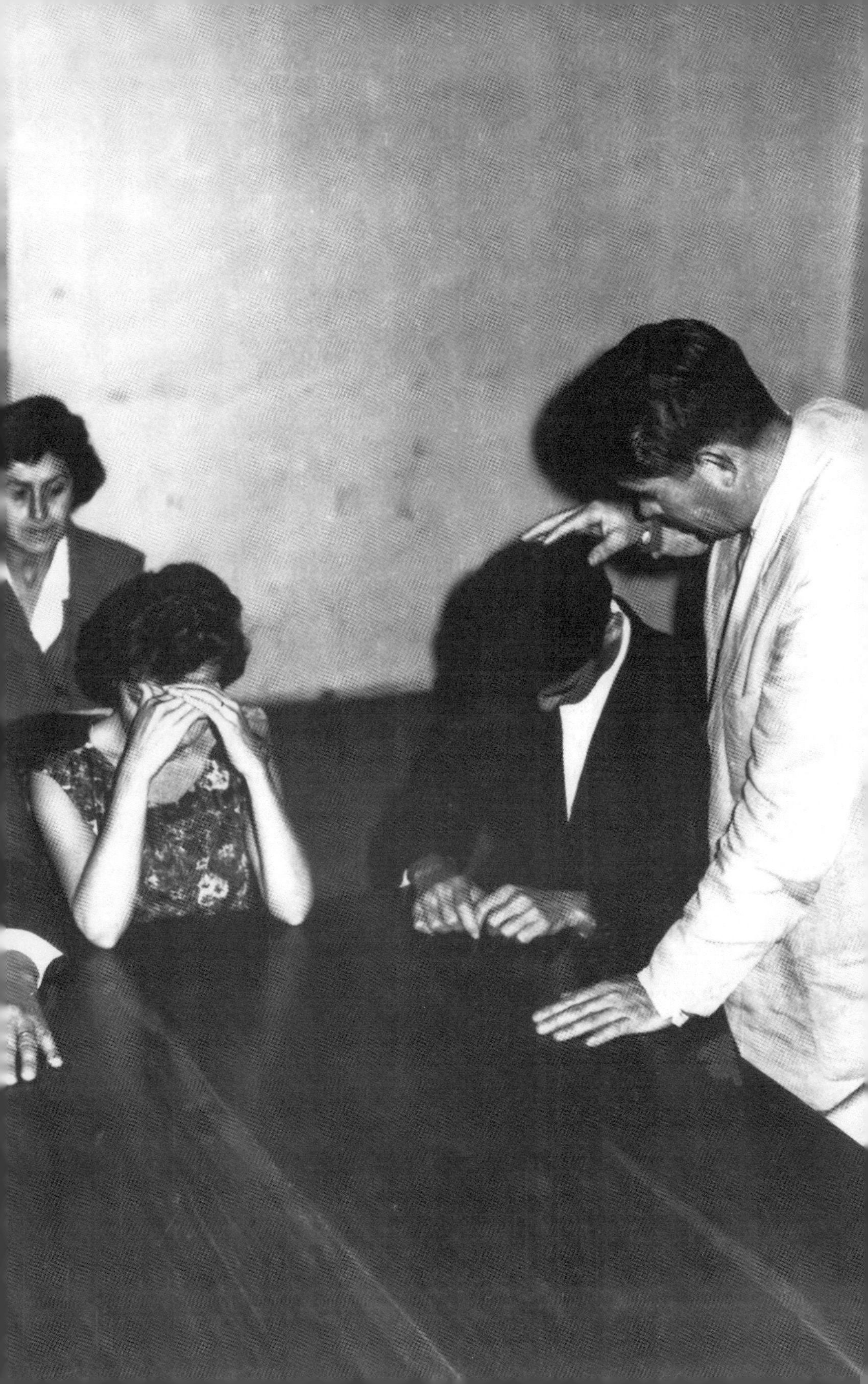

35 MANIFESTAÇÃO DE ENFERMO ESPIRITUAL (IV)

Convém observar que há médiuns psicofônicos para quem os Amigos Espirituais designam determinados tipos de manifestantes que lhes correspondam às tendências, caracteres, formação moral e cultural, especializando-lhes as possibilidades mediúnicas.

Urge não confundir esse imperativo do trabalho de intercâmbio com o chamado animismo ou supostas mistificações inconscientes.

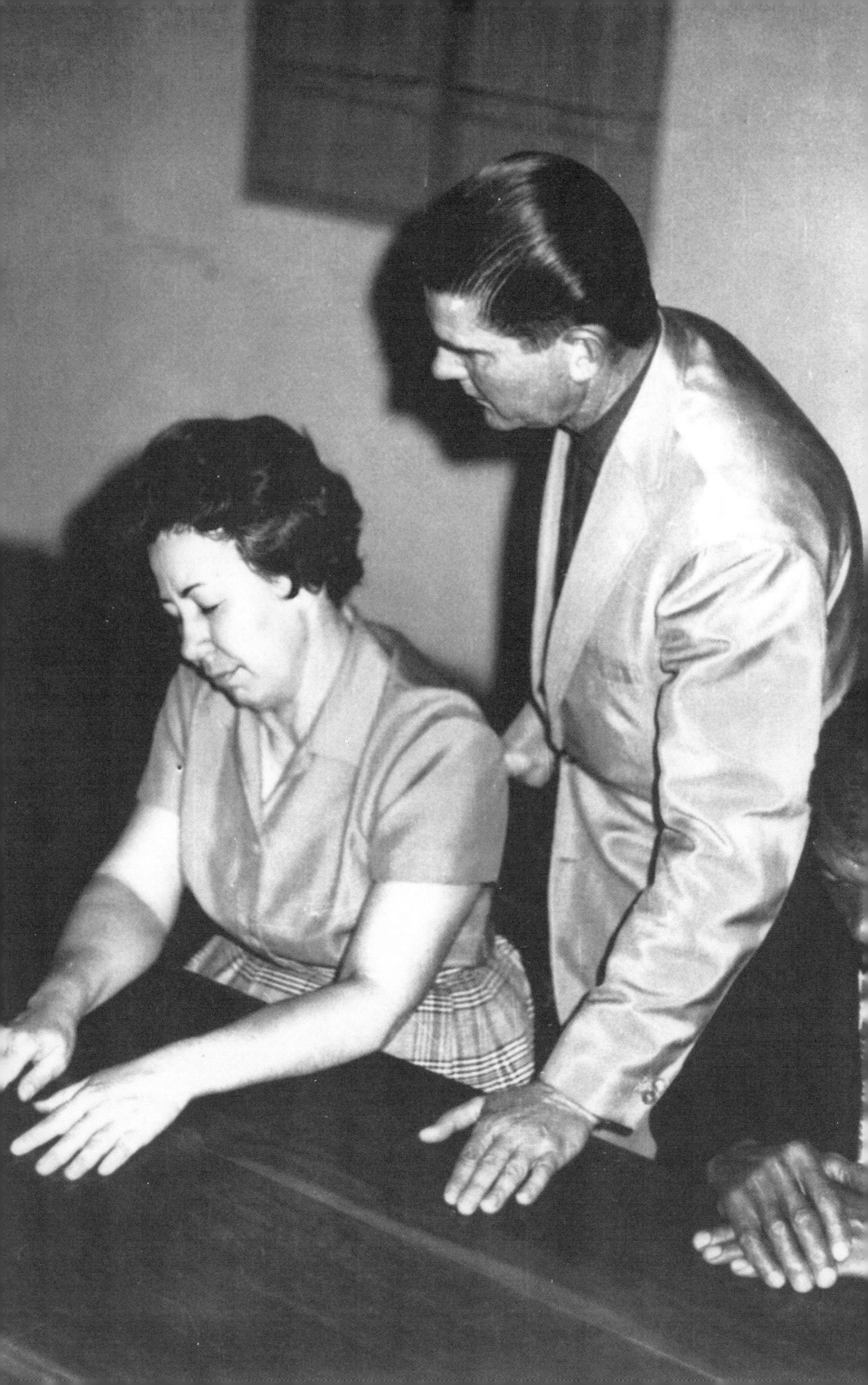

36 MANIFESTAÇÃO DE ENFERMO ESPIRITUAL (V)

Os médiuns esclarecedores permanecerão atentos aos característicos dos manifestantes em desequilíbrio, de vez que entre estes se encontram, frequentemente, sofredores que comparecem pela primeira vez, bem como os reincidentes sistemáticos, os companheiros infelizes do pretérito alusivo aos integrantes da reunião e recém-desencarnados em desorientação franca, os suicidas e homicidas, os casos de zoantropia e de loucura, os malfeitores trazidos à desobsessão para corrigendas e os irmãos tocados de exotismos por terem desencarnado recentemente em terras estrangeiras, as inteligências detidas no sarcasmo e na galhofa, os vampirizadores conscientes e inconscientes interessados na ocultação da verdade, e toda uma extensa família de Espíritos necessitados, nos vários graus de sombra e sofrimento que assinalam a escala da ignorância e da crueldade.

Imperioso observar que todos são carecedores de compreensão e tratamento adequados, cada qual na dor ou no problema em que se exprimem, exigindo paciência, entendimento, socorro e devotamento fraternais.

Desobsessão não se realiza sem a luz do raciocínio, mas não atinge os fins a que se propõe sem as fontes profundas do sentimento.

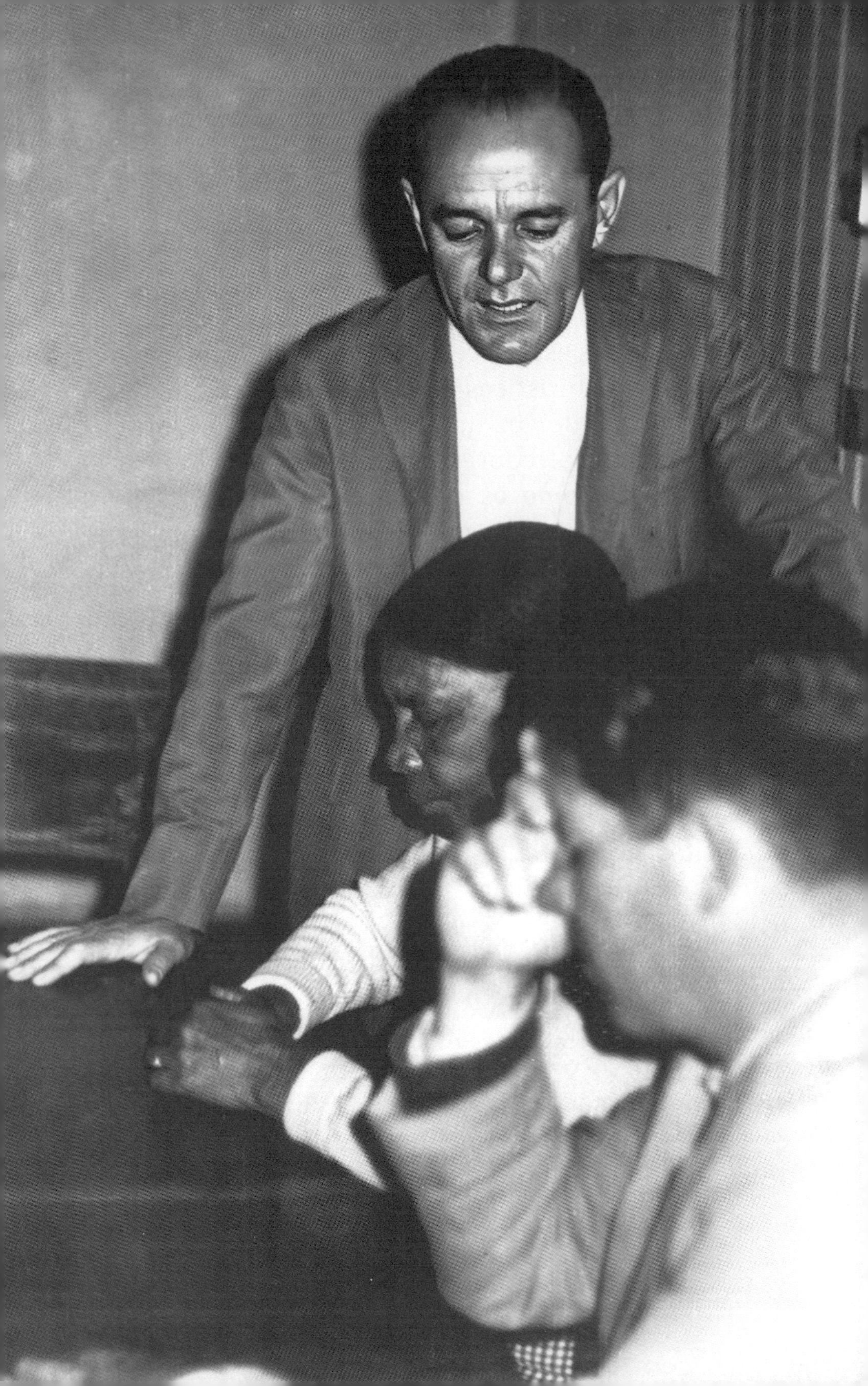

37 ESCLARECIMENTO

O dirigente do grupo, que contará habitualmente com dois ou três assessores em exercício para o trabalho do esclarecimento e do amparo reeducativo aos sofredores desencarnados, assumirá o comando da palavra, seja falando diretamente com os irmãos menos felizes, por meio dos médiuns psicofônicos, seja indicando para isso um dos auxiliares.

A conversação será vazada em termos claros e lógicos, mas na base da edificação, sem qualquer toque de impaciência ou desapreço ao comunicante, mesmo que haja motivos de indução ao azedume ou à hilaridade. O esclarecimento não será, todavia, longo em demasia, compreendendo-se que há determinações de horário e que outros casos requisitam atendimento. A palestra reeducativa, ressalvadas as situações excepcionais, não perdurará, assim, além de dez minutos.

Se o comunicante perturbado procura fixar-se no braseiro da revolta ou na sombra da queixa, indiferente ou recalcitrante, o diretor ou o auxiliar em serviço solicitará a cooperação dos benfeitores espirituais presentes para que o necessitado rebelde seja confiado à assistência de organizações espirituais adequadas a isso. Nesse caso, a hipnose benéfica será utilizada a fim de que o magnetismo balsamizante asserene o companheiro perturbado, amparando-se-lhe o afastamento da cela mediúnica, à maneira do enfermo desesperado da Terra a quem se administra a dose calmante para que se ponha mais facilmente sob o tratamento preciso.

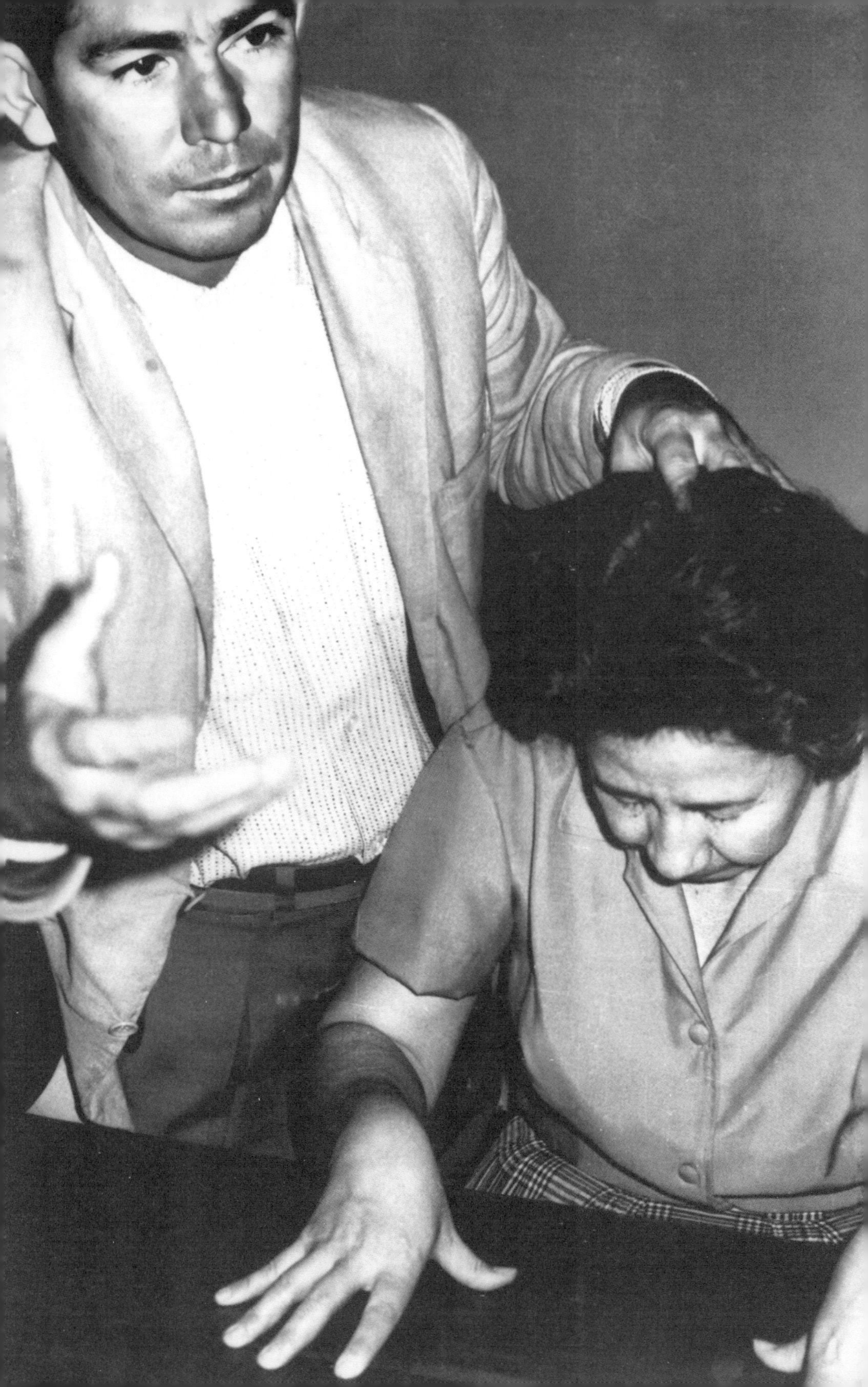

38 COOPERAÇÃO MENTAL

Enquanto persista o esclarecimento endereçado ao sofredor desencarnado, é imperioso que os assistentes se mantenham em harmoniosa união de pensamentos, oferecendo base às afirmativas do dirigente ou do assessor que retenha eventualmente a palavra.

Não lhes perpasse qualquer ideia de censura ou de crueldade, ironia ou escândalo.

Tanto o amigo que orienta o irmão infortunado quanto os companheiros que o escutam abrigarão na alma a simpatia e a solidariedade, como se estivessem socorrendo um parente dos mais queridos, para que o necessitado encontre apoio real no socorro que lhe seja ministrado.

Forçoso compreender que, de outro modo, o serviço assistencial enfrentaria perturbações inevitáveis, pela ausência do concurso mental imprescindível.

O dirigente assumirá a iniciativa de qualquer apelo à cooperação mental, no momento em que a providência se mostre precisa, e ativará o ânimo dos companheiros que, porventura, se revelem desatentos ou entorpecidos, desde que o conjunto em ação é comparável a um dínamo, em cujas engrenagens a corrente mental do amparo fraterno necessita circular equilibradamente na prestação de serviço.

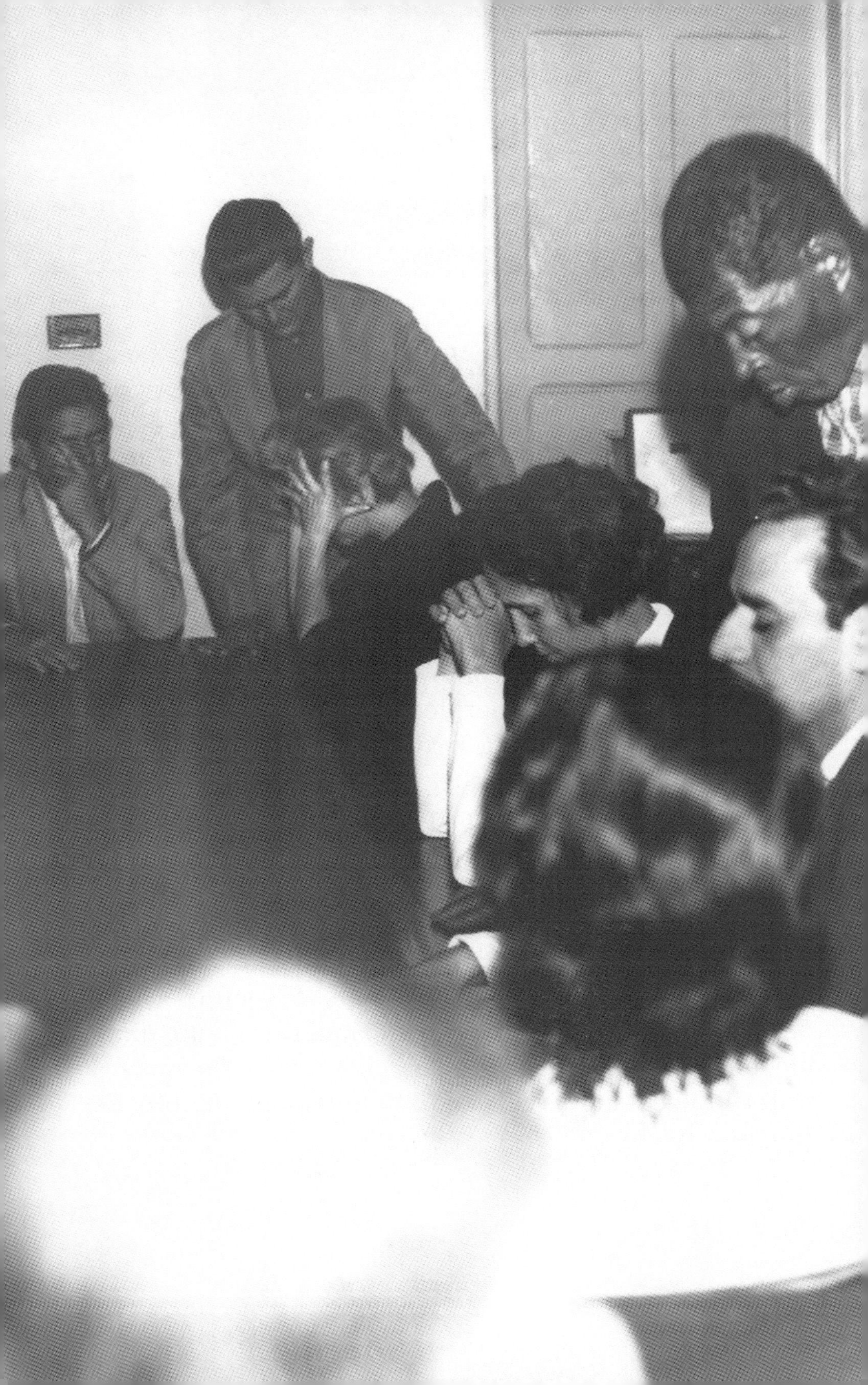

39 MANIFESTAÇÕES SIMULTÂNEAS (I)

Os médiuns psicofônicos, muito embora por vezes se vejam pressionados por entidades em aflição, cujas dores ignoradas lhes percutem nas fibras mais íntimas, educar-se-ão, devidamente, para só oferecer passividade ou campo de manifestação aos desencarnados inquietos quando o clima da reunião lhes permita o concurso na equipe em atividade. Isso, porque, na reunião, é desaconselhável se verifique o esclarecimento simultâneo a mais de duas entidades carecentes de auxílio, para que a ordem seja naturalmente assegurada.

Ainda quando o sensitivo tenha as suas faculdades assinaladas por avançado sonambulismo, deve e pode exercitar o autodomínio, afeiçoando-se à observação e ao estudo, a fim de colaborar na vigilância precisa, desincumbindo-se, com segurança, do encargo da enfermagem espiritual que lhe é atribuído.

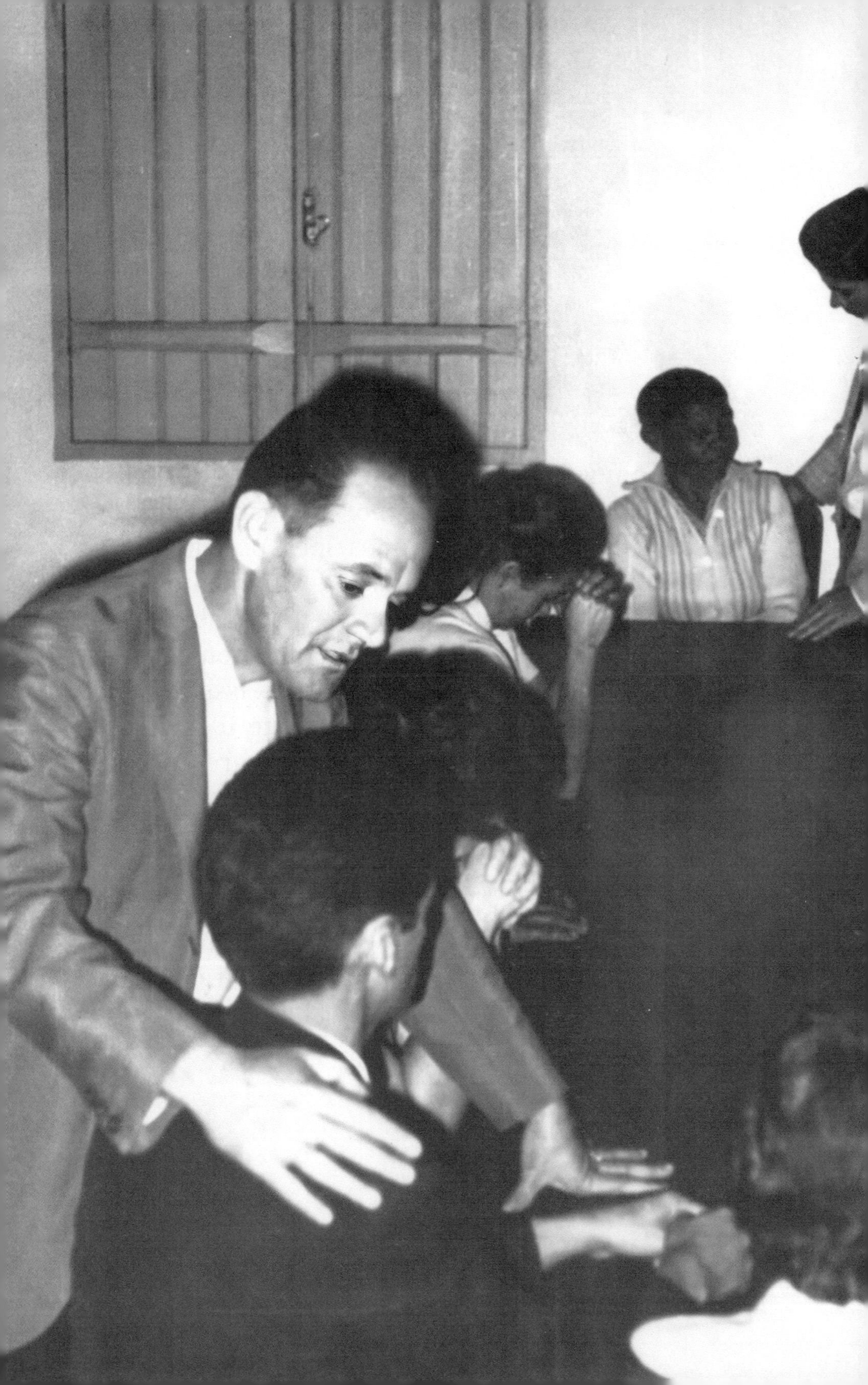

40 MANIFESTAÇÕES SIMULTÂNEAS (II)

Só se devem permitir, a cada médium, duas passividades por reunião, eliminando com isso maiores dispêndios de energia e manifestações sucessivas ou encadeadas, inconvenientes sob vários aspectos.

Em todas as circunstâncias, o médium a serviço da desobsessão não se pode alhear da equipe em que funciona, conservando a convicção de que dentro dela assemelha-se a um órgão no corpo, e que precisa estar no lugar que lhe é próprio para que haja equilíbrio e produção no conjunto.

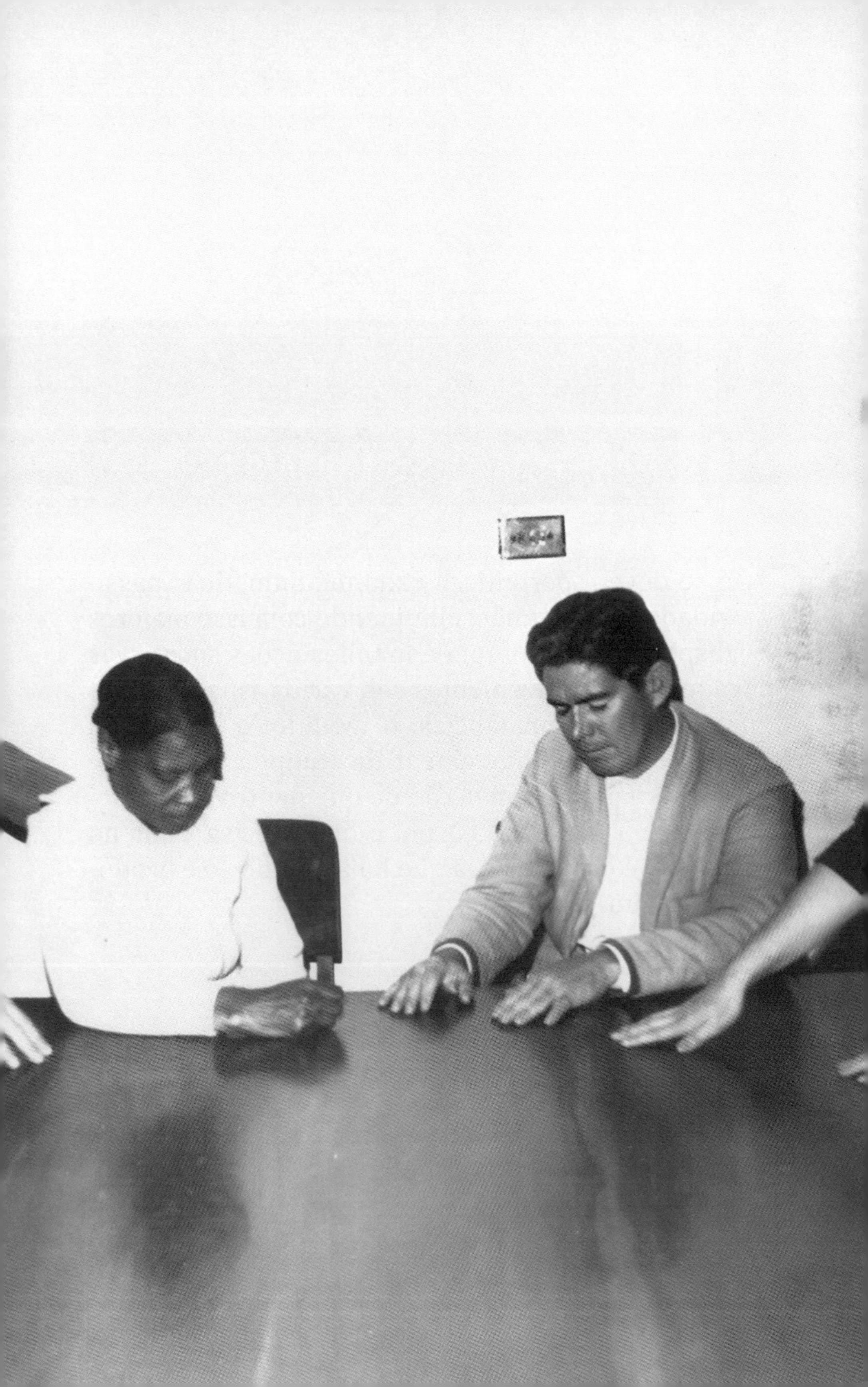

41 INTERFERÊNCIA DO BENFEITOR

Em algumas ocasiões, tarefa em meio, aparece um ou outro desencarnado em condições de quase absoluto empedernimento.

Tal desequilíbrio da entidade pode coincidir com algum momento infeliz da mente mediúnica, estabelecendo desarmonia maior.

O fenômeno é suscetível de raiar na inconveniência. Assim sendo, o mentor espiritual, se considerar oportuno, ocupará espontaneamente o médium responsável e partilhará o serviço do esclarecimento, dirigindo-se ao comunicante ou ao médium que o expõe, ficando, por outro lado, o dirigente com a possibilidade de recorrer à intervenção do orientador referido, se julgar necessário, rogando-lhe a manifestação pelo psicofônico indicado, a fim de sanar o contratempo.

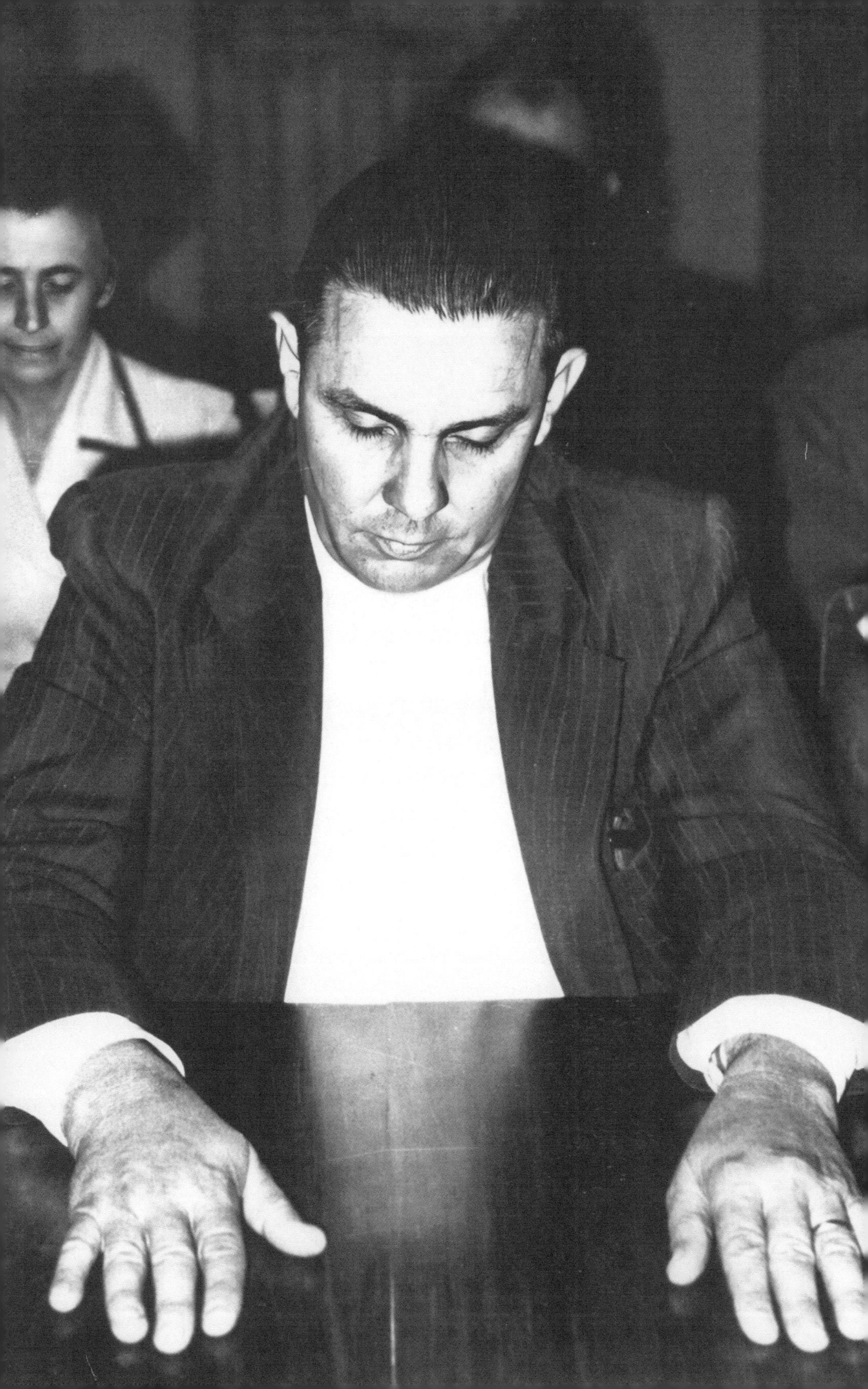

42 ATITUDES DOS MÉDIUNS (I)

O médium de incorporação, como também o médium esclarecedor não podem esquecer, em circunstância alguma, que a entidade perturbada se encontra, para eles, na situação de um doente ante o enfermeiro.

No socorro espiritual, os benfeitores e amigos das Esferas Superiores, tanto quanto os companheiros encarnados, quais o diretor da reunião e seus assessores que manejam o verbo educativo, funcionam lembrando autoridades competentes no trabalho curativo, mas o médium é o enfermeiro convocado a controlar o doente, quanto lhe seja possível, impedindo a este último manifestações tumultuárias e palavras obscenas.

O médium psicofônico deve preparar-se dignamente para a função que exerce, reconhecendo que não se acha dentro dela à maneira de fantoche, manobrado integralmente ao sabor das Inteligências desencarnadas, mas sim na posição de intérprete e enfermeiro, capaz de auxiliar, até certo ponto, na contenção e na reeducação dos Espíritos rebeldes que recalcitram no mal, a fim de que o dirigente sinta-se fortalecido em sua ação edificante e para que a equipe demonstre o máximo de rendimento no trabalho assistencial.

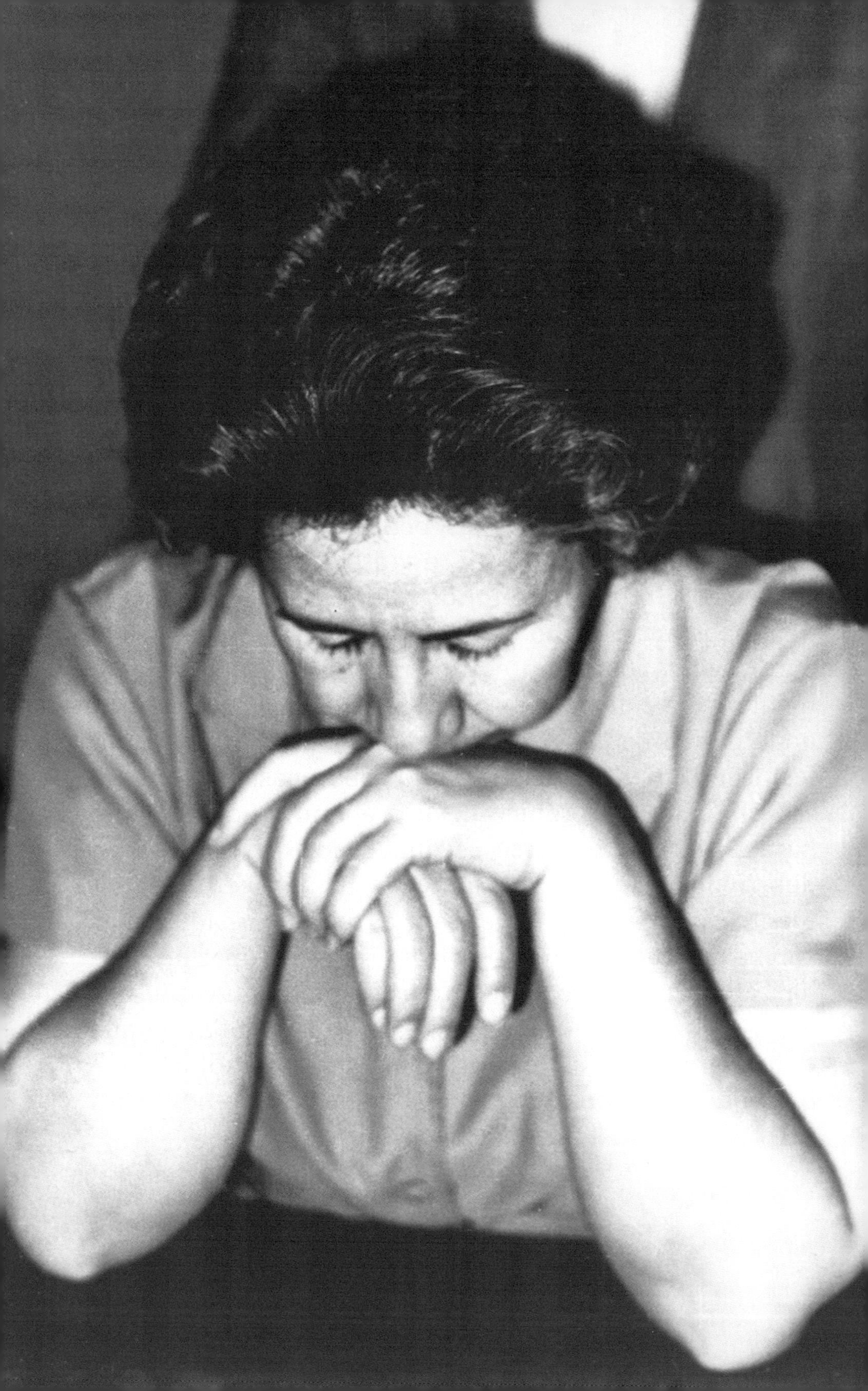

43 ATITUDES DOS MÉDIUNS (II)

Ainda mesmo quando o médium é absolutamente sonâmbulo, incapaz de guardar lembranças posteriores ao socorro efetuado, semidesligado de seus implementos físicos, dispõe de recursos para governar os sentidos corpóreos de que o Espírito comunicante se utiliza, capacitando-se, por isso, com o auxílio dos instrutores espirituais, a controlar devidamente as manifestações.

Não se diga que isso é impossível. Desobsessão é obra de reequilíbrio, refazimento, nunca de agitação e teatralidade.

Nesse sentido, vale recordar que há médium de incorporação normal e médium de incorporação ainda obsidiado. E sempre que o médium, dessa ou daquela espécie, se mostre obsidiado, necessita de socorro espiritual, por meio de esclarecimento, emparelhando-se com as entidades perturbadas carecentes de auxílio.

Realmente, em casos determinados, o medianeiro da psicofonia não pode governar todos os impulsos destrambelhados da Inteligência desencarnada que se comunica na reunião, como nem sempre o enfermeiro logra impedir todas as extravagâncias da pessoa acamada; contudo, mesmo nessas ocasiões especiais, o médium integrado em suas responsabilidades dispõe de recursos para cooperar no socorro espiritual em andamento, reduzindo as inconveniências ao mínimo.

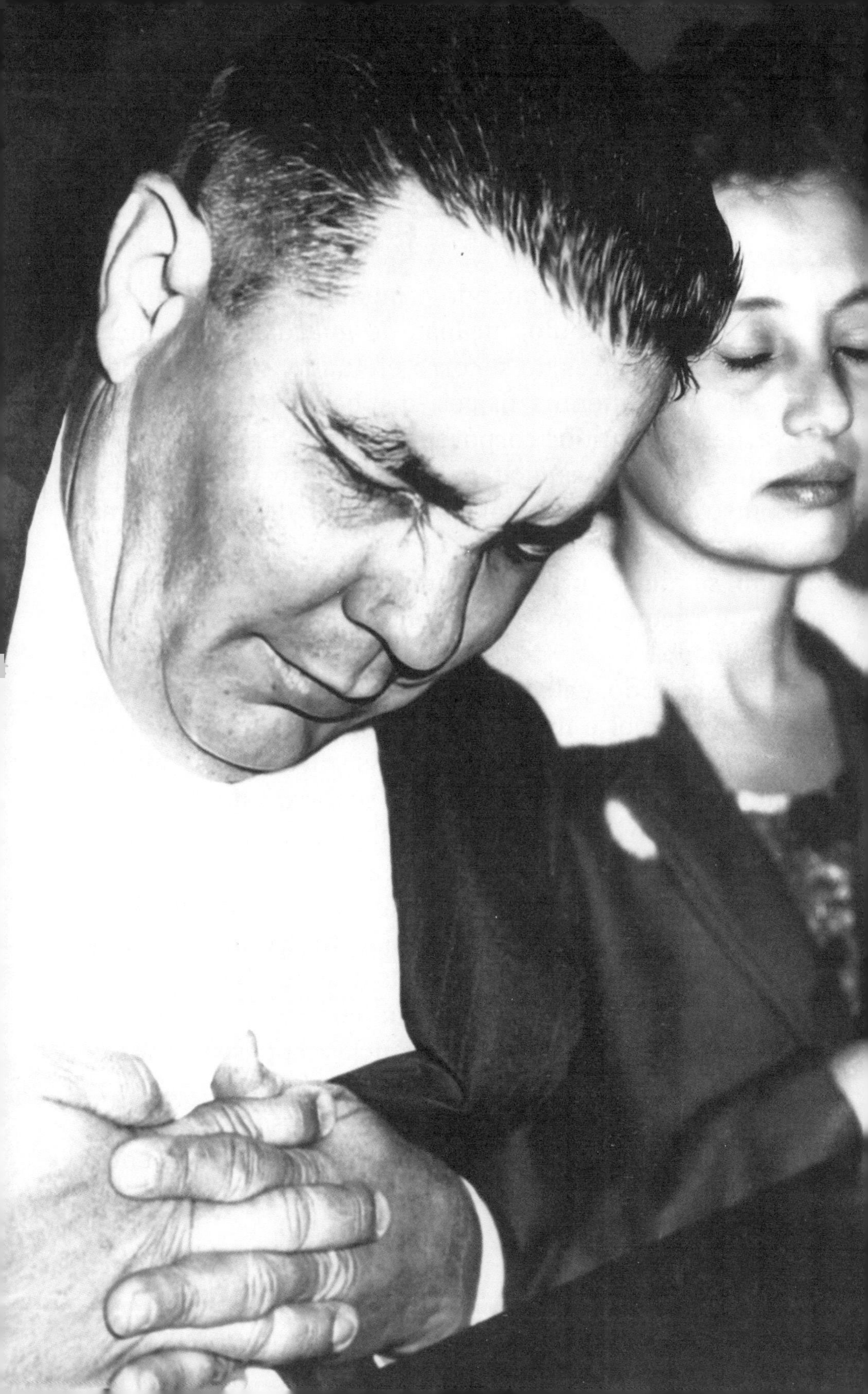

44 MAL-ESTAR IMPREVISTO DO MÉDIUM

Todo serviço na Terra prevê a possibilidade de falhas compreensíveis.

O automóvel, comumente, sofre perturbações em determinados implementos, no meio da viagem.

Um tear interrompe a tecelagem pela exaustão de uma peça.

Na desobsessão, o mal-estar é suscetível de sobrevir num médium ou num dos colaboradores em ação, principalmente no que tange a uma crise orgânica francamente imprevista.

Verificado o incidente, o companheiro ou a irmã necessitada de assistência permanecerá fora do círculo em atividade, recolhendo o amparo espiritual do ambiente, quando o mal-estar não seja de molde a se lhe aconselhar o recolhimento imediato em casa.

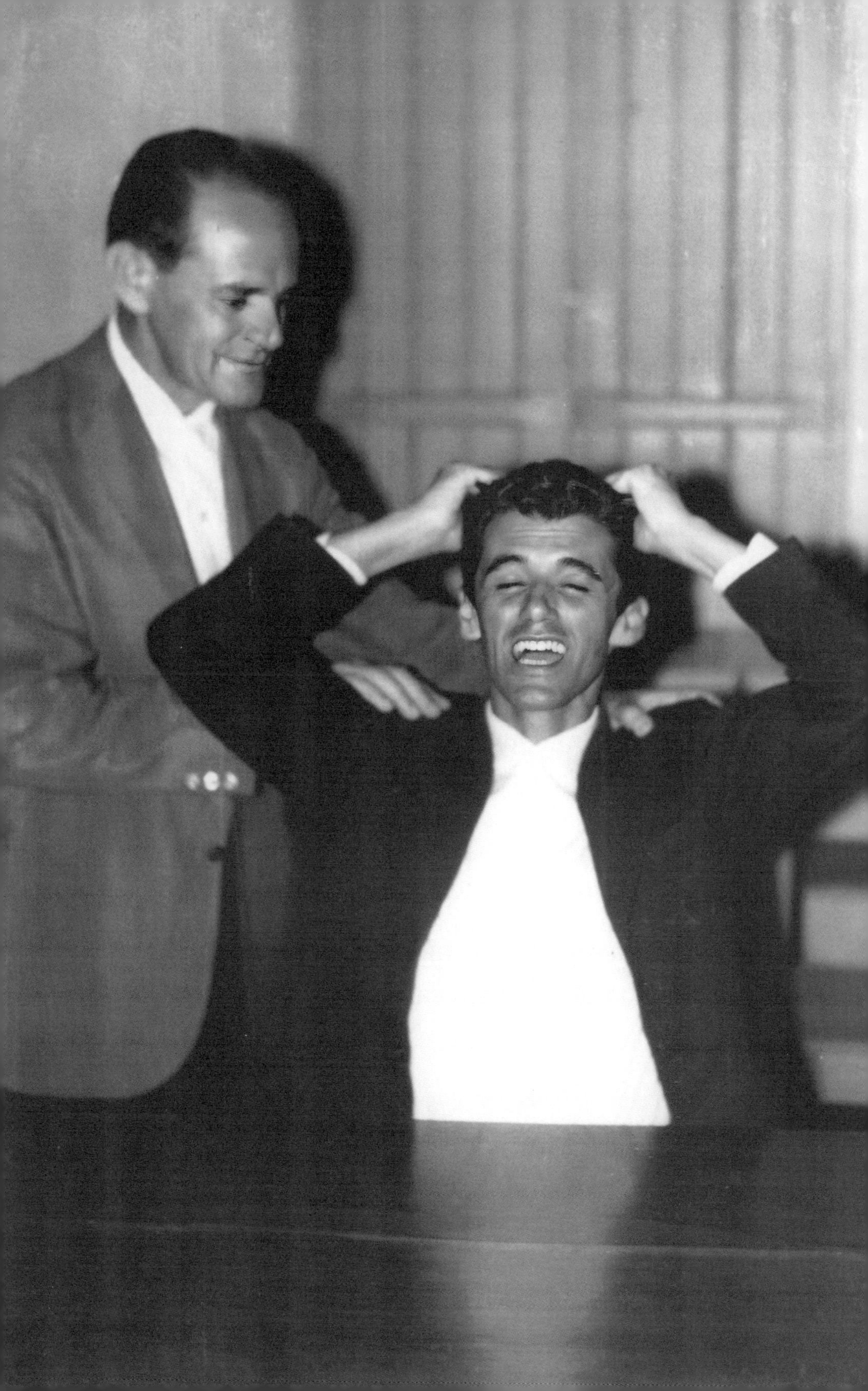

45 EDUCAÇÃO MEDIÚNICA (I)

Evite o médium as posições de desmazelo na acomodação entre os companheiros, quando se ache sob a influência ou presença dos desencarnados em desequilíbrio, e controle as expressões verbais, empenhando-se em cooperar na administração do benefício aos Espíritos sofredores, frustrando a produção de gritos e a enunciação de palavras torpes.

Não olvidem os medianeiros que o recinto empregado nos serviços da desobsessão é comparável à intimidade respeitável de um hospital.

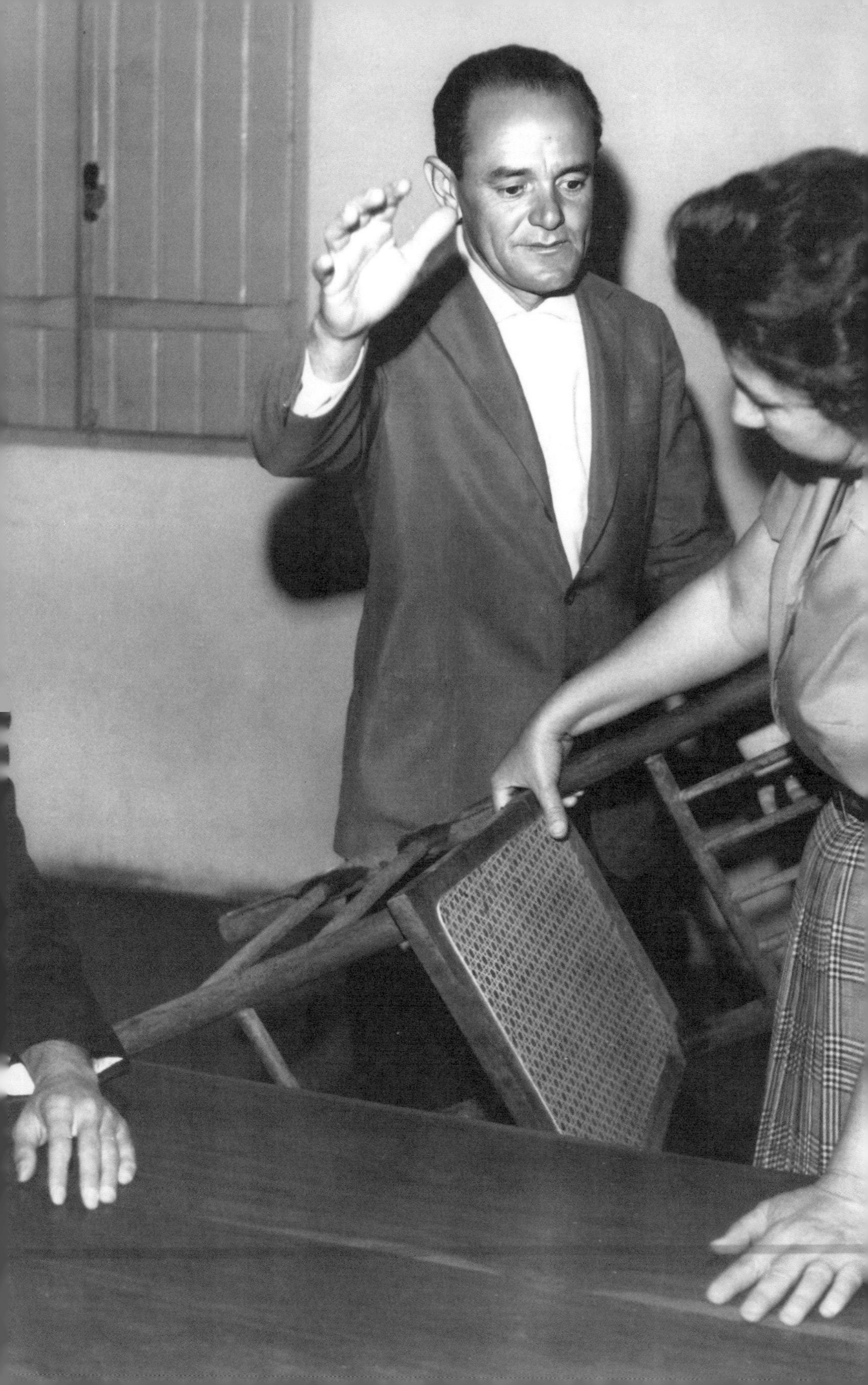

46 EDUCAÇÃO MEDIÚNICA (II)

Os medianeiros psicofônicos nunca admitam tanto descontrole que cheguem ao ponto de derribar móveis ou quaisquer objetos, tumultuando o ambiente.

Lembrem-se de que não se encontram à revelia das manifestações menos felizes que venham a ocorrer.

Benfeitores desencarnados estão a postos, na reunião, sustentando a harmonia da casa, e resguardarão as forças de todos os médiuns em serviço para que se desincumbam com limpeza e dignidade das obrigações que lhes assistem.

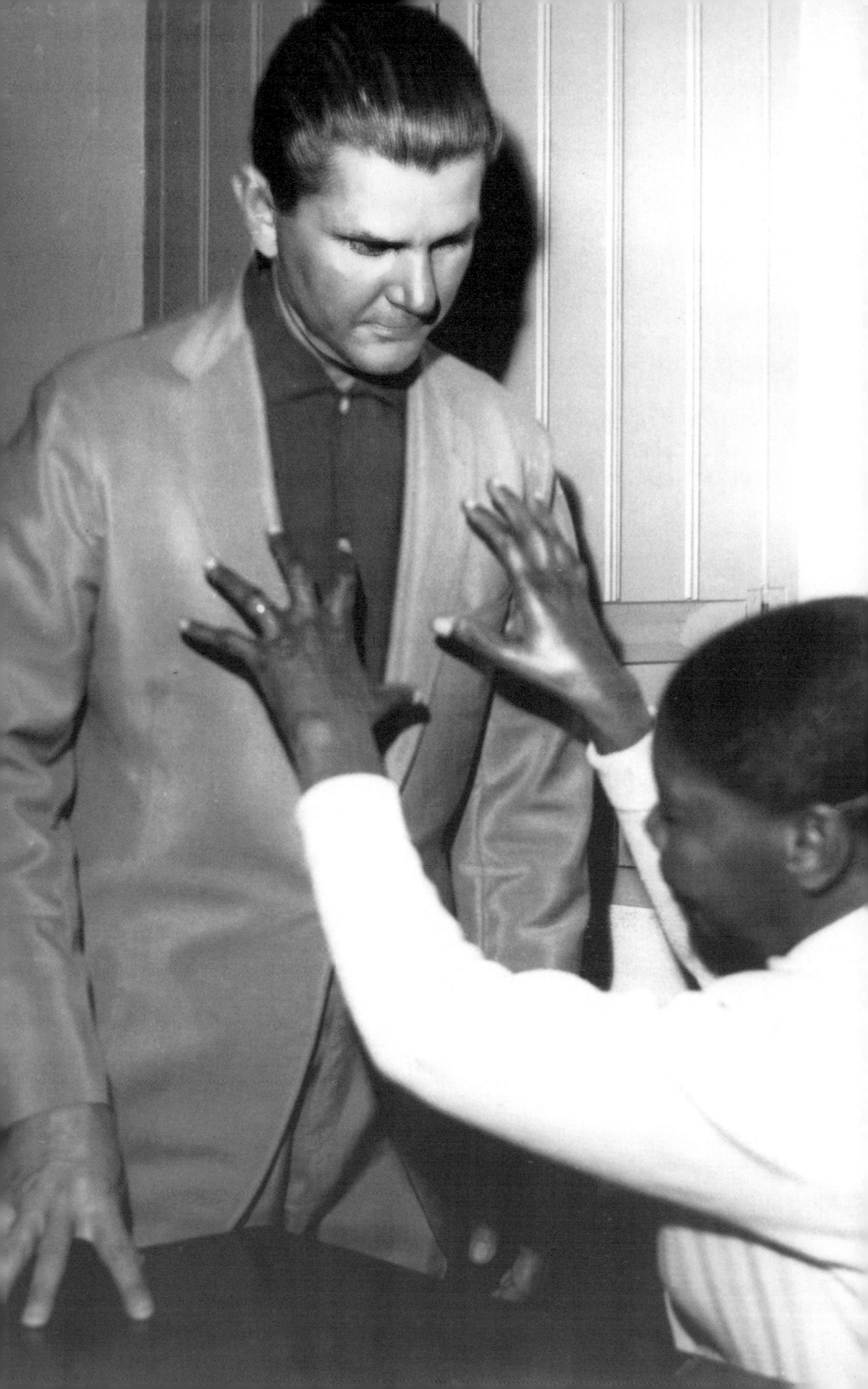

47 EDUCAÇÃO MEDIÚNICA (III)

Atitude positivamente desaconselhável é a de permitir que comunicantes enfermos ensaiem qualquer impulso de agressão.

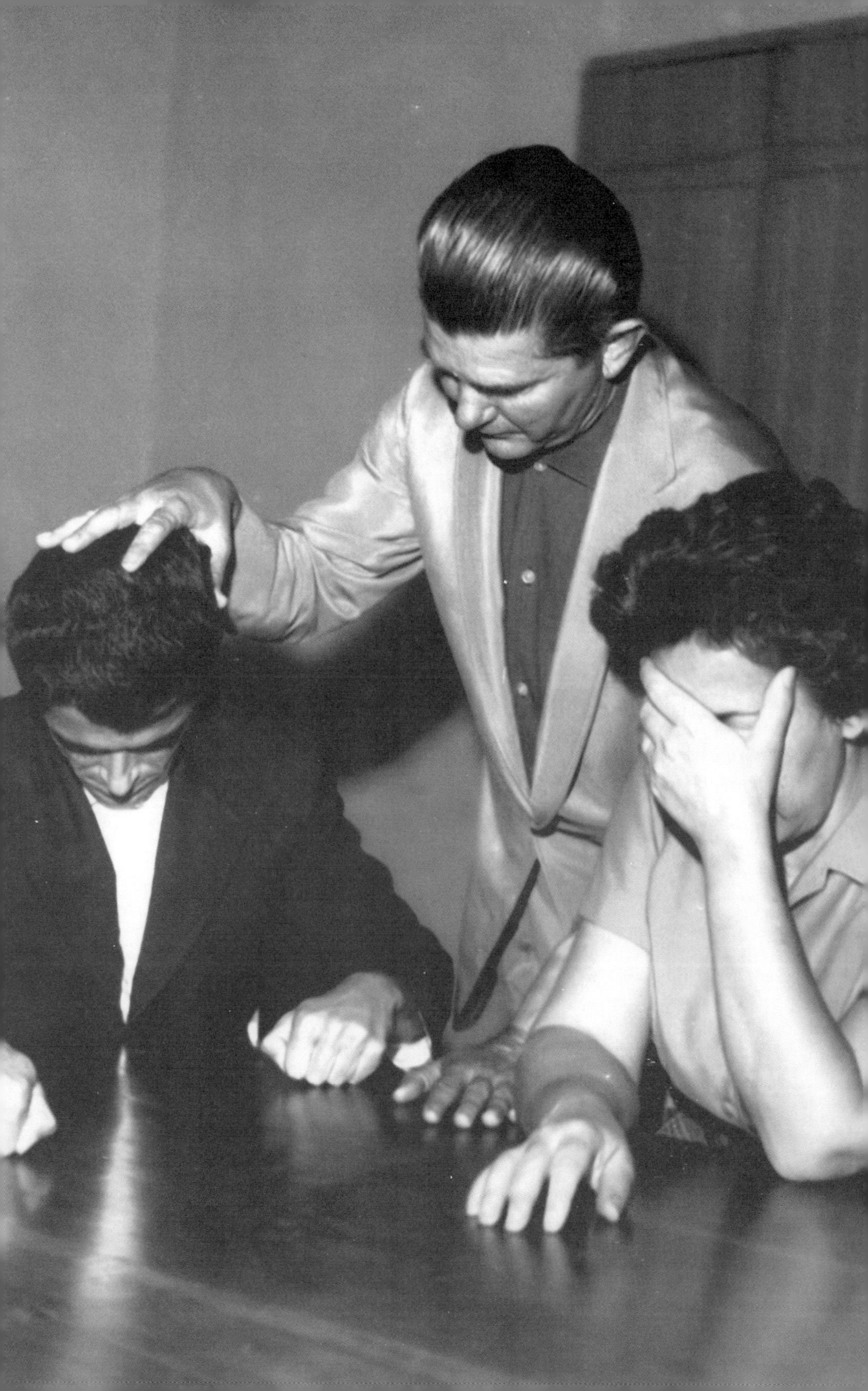

48 EDUCAÇÃO MEDIÚNICA (IV)

Dever inadiável impedir que os manifestantes doentes subvertam a ordem com pancadas e ruídos que os médiuns psicofônicos conseguem facilmente frustrar.

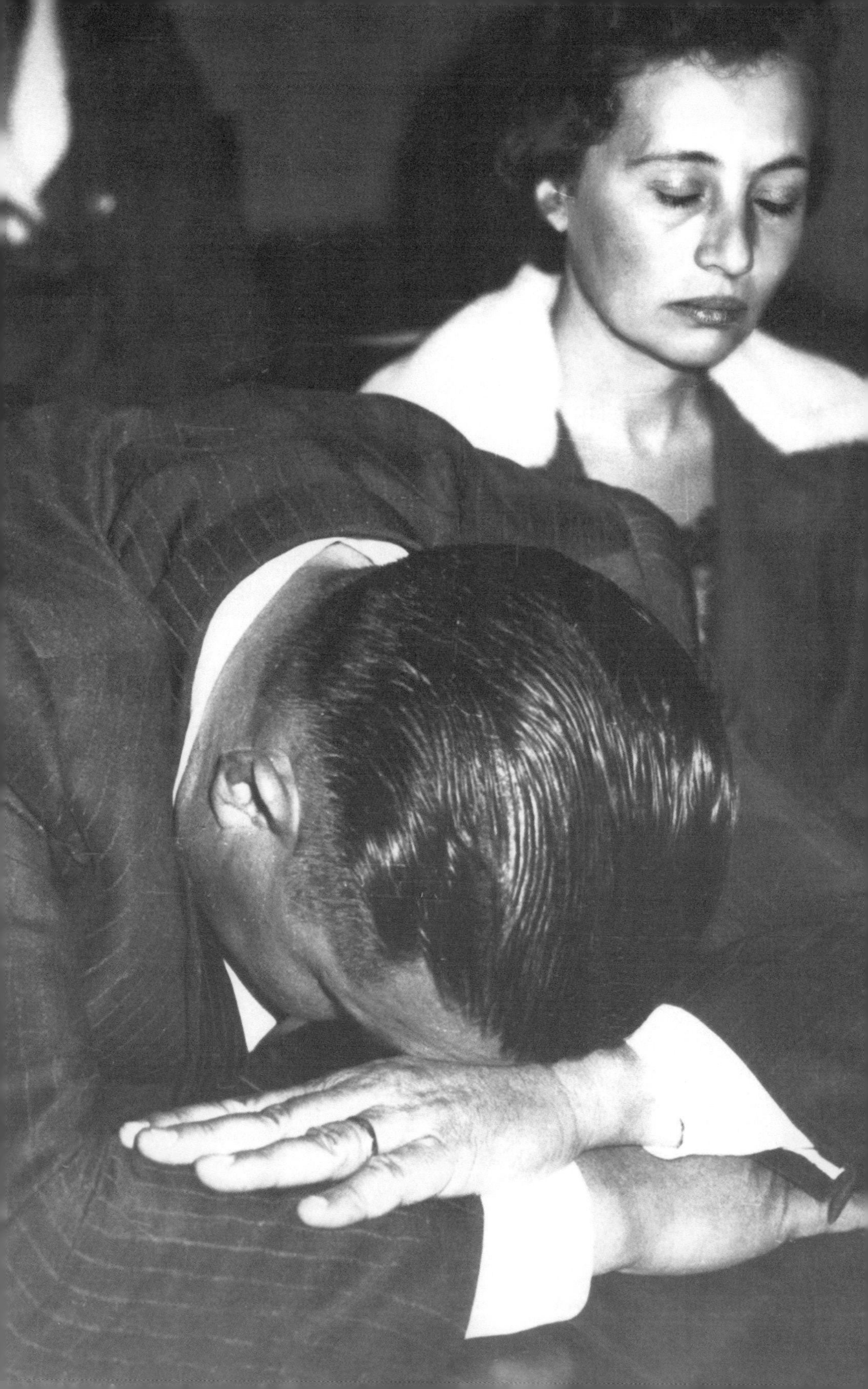

49 EDUCAÇÃO MEDIÚNICA (V)

Os médiuns psicofônicos evitem a todo custo, em qualquer período da reunião, vergar a cabeça sobre os braços.

Essa atitude favorece o sono, desarticula a cooperação mental e propicia ensejo a fácil hipnose por parte de enfermos desencarnados.

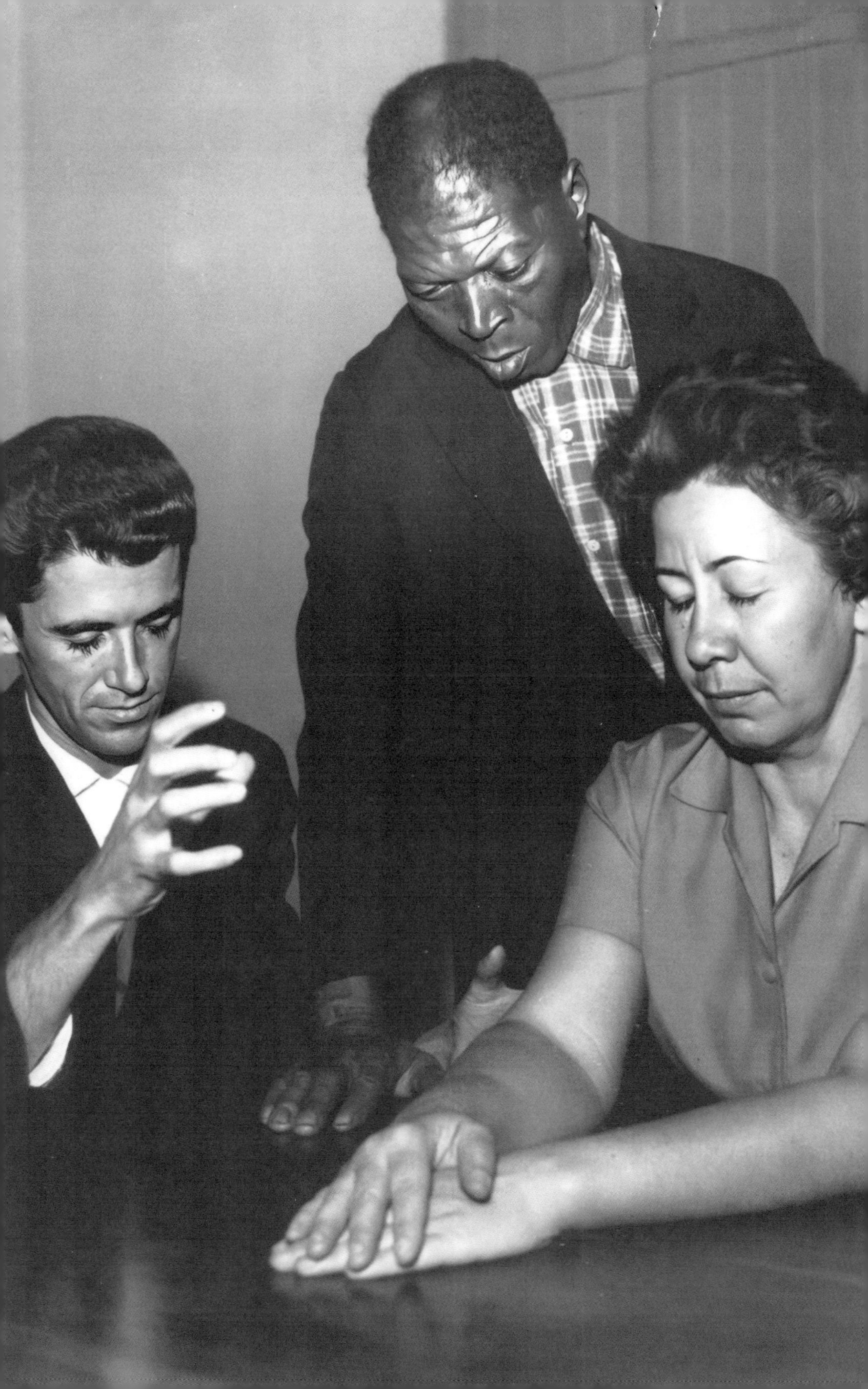

50 INTERFERÊNCIA DE ENFERMO ESPIRITUAL

No curso da manifestação de determinado Espírito menos feliz, é possível a interferência de outra entidade desditosa ou perturbada que compareça, arrebatadamente, por intermédio desse ou daquele médium psicofônico ainda fracamente habilitado ao controle de si próprio.

Em alguns lances da desobsessão, o Espírito que interfere chega mesmo a provocar elementos outros do conjunto, citando-os de forma nominal para que se estabeleçam conversações marginais sem nenhum interesse para o esclarecimento.

O dirigente tomará providências imediatas para que se evite desarmonia ou tumulto, designando sem delonga o assessor que se incumbirá da necessária solução ao problema, a fim de que a interferência não degenere em perturbação, comprometendo a ordem e a segurança do esforço geral.

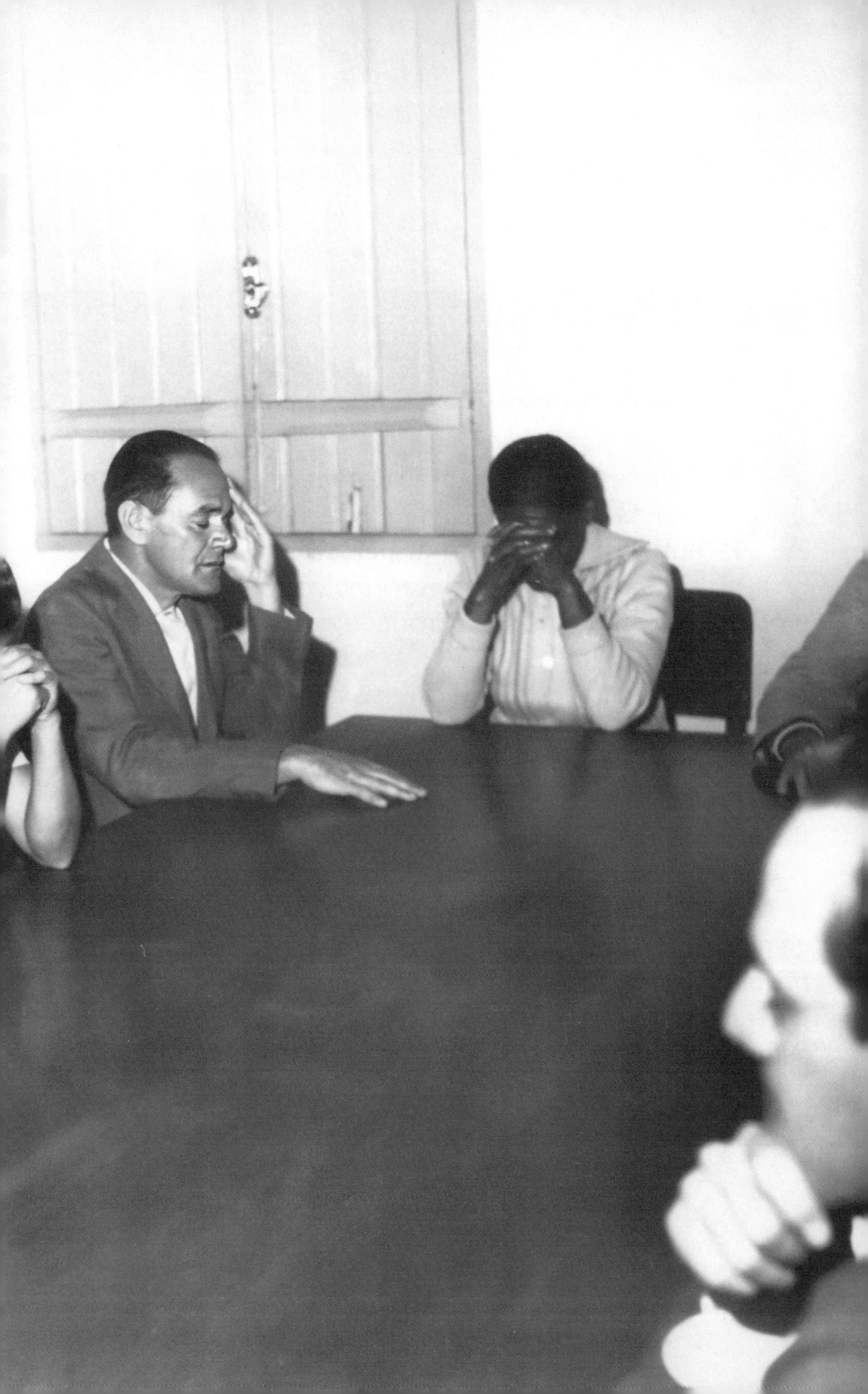

51 RADIAÇÕES

Rogando aos companheiros reunidos vibrações de amor e tranquilidade para os que sofrem, o diretor do grupo, terminadas as tarefas da desobsessão propriamente ditas, suspenderá a palavra, pelo tempo aproximado de dois a quatro minutos, a fim de que ele mesmo e os integrantes do círculo formem correntes mentais com as melhores ideias que sejam capazes de articular, seja pela prece silenciosa, seja pela imaginação edificante.

Todo pensamento é onda de força criativa e os pensamentos de paz e fraternidade, emitidos pelo grupo, constituirão adequado clima de radiações benfazejas, facultando aos amigos espirituais presentes os recursos precisos à formação de socorros diversos, em benefício dos companheiros que integram o círculo, dos desencarnados atendidos e de irmãos outros, necessitados de amparo espiritual a distância.

Um dos componentes da equipe, nomeado pelo diretor do conjunto, pode articular uma prece em voz alta, lembrando, na oração, os enfermos espirituais que se comunicaram, os desencarnados que participaram silenciosamente da reunião, os doentes dos hospitais e os irmãos carecentes de socorro e de alívio, internados em casas assistenciais e instituições congêneres.

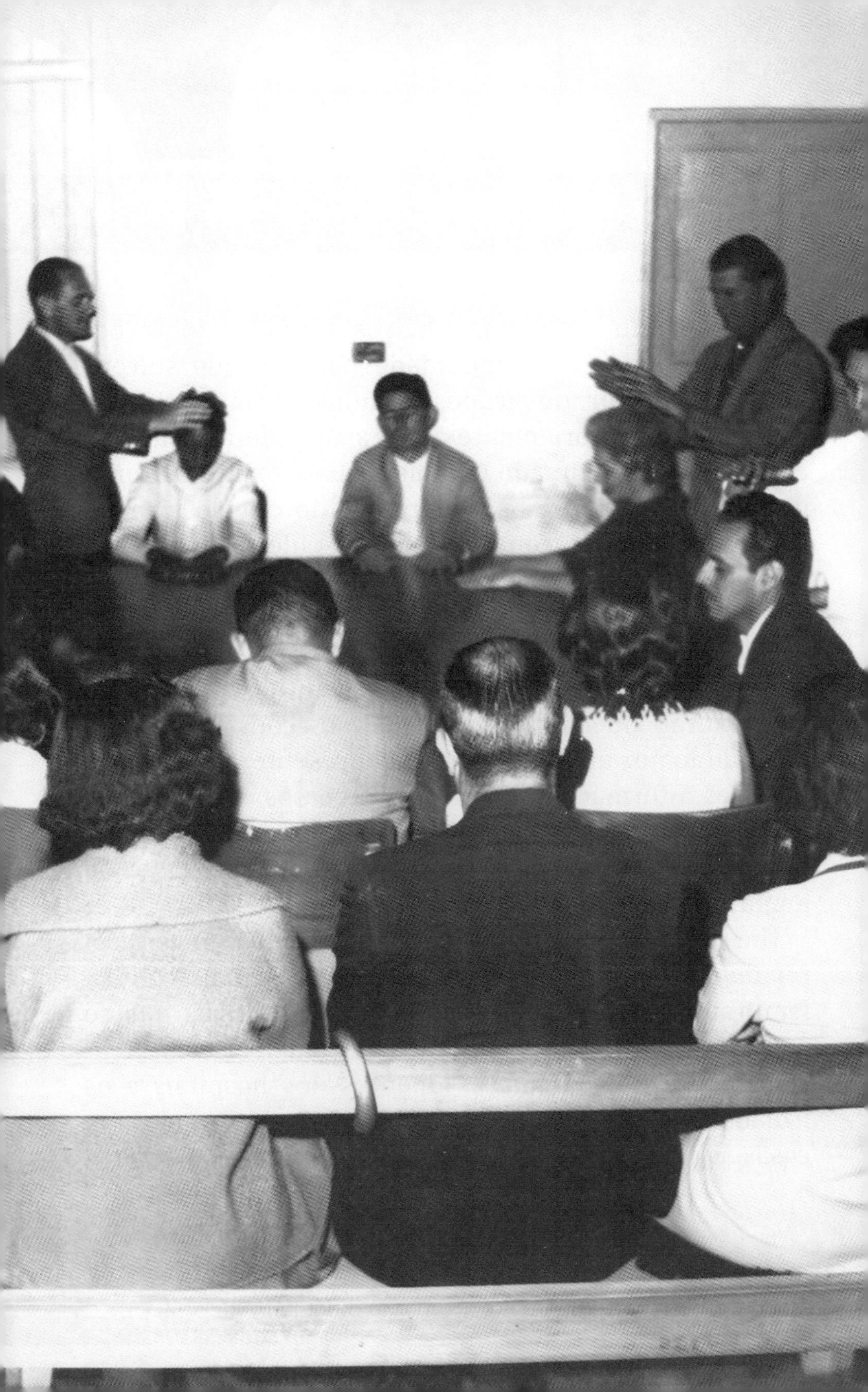

52 PASSES

Os médiuns passistas, logo que o conjunto entre no silêncio necessário às radiações, segundo as instruções traçadas pelo dirigente, se deslocarão dos lugares que lhes sejam habituais e, conquanto se mantenham no trabalho íntimo das ideações construtivas, para auxiliarem no apoio vibratório aos sofredores, atenderão aos passes, ministrando-os a todos os componentes do grupo, sejam médiuns ou não.

Semelhante prática deve ser observada regularmente, de vez que o serviço de desobsessão pede energias de todos os presentes e os instrutores espirituais estão prontos a repor os dispêndios de força havidos, através dos instrumentos do auxílio magnético que se dispõem a servi-los, sem ruídos desnecessários, de modo a não quebrarem a paz e a respeitabilidade do recinto.

Fora dos momentos normais, os médiuns passistas atenderão aos companheiros necessitados de auxílio tão só nos casos de exceção, respeitando com austeridade disposições estabelecidas, de modo a não favorecerem caprichos e indisciplinas.

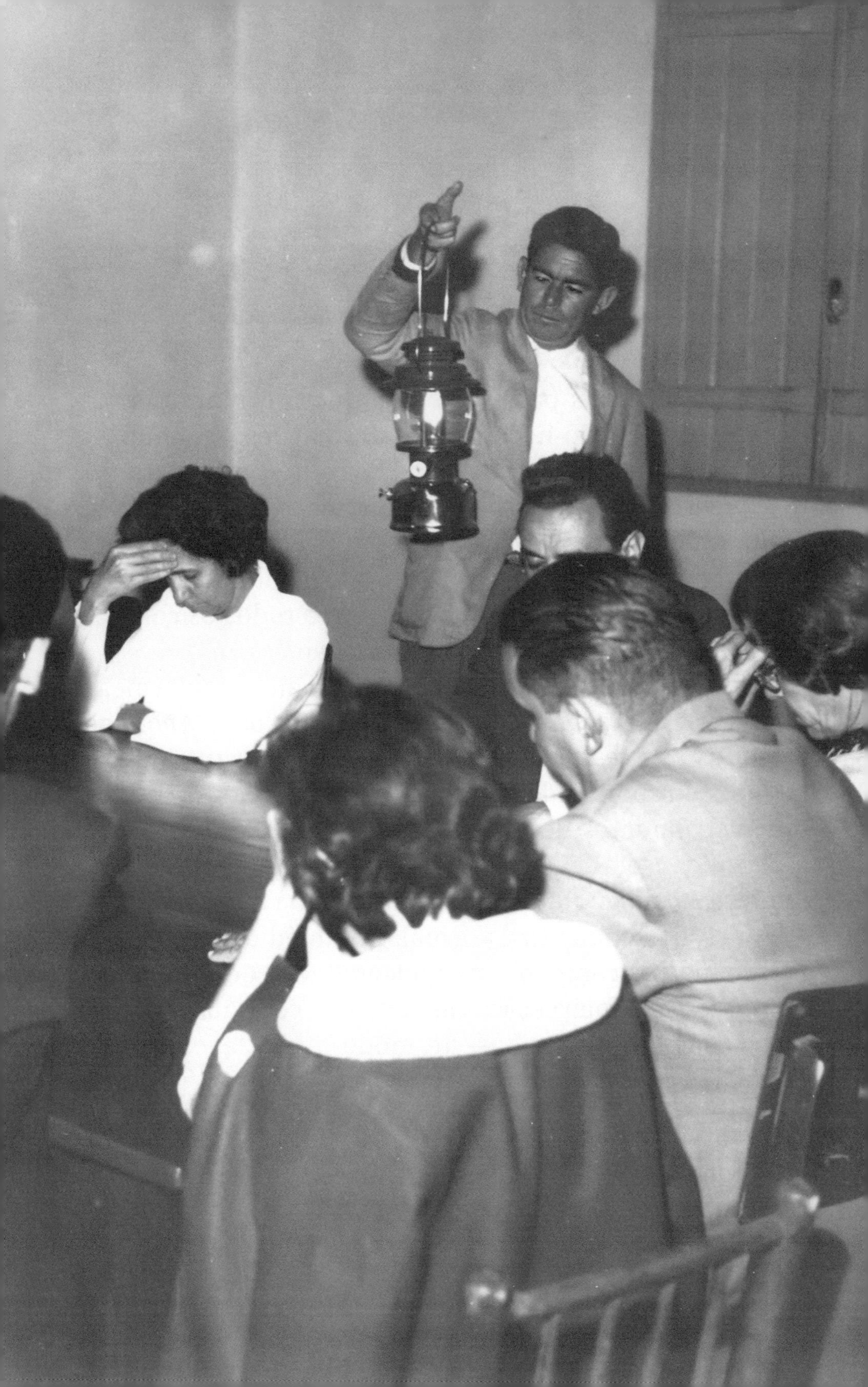

53 IMPREVISTOS

O grupo deve contar com imprevistos.

Existem aqueles de natureza externa a que não se pode dar atenção, quais sejam chamamentos inoportunos de pessoas incapacitadas ainda para compreender a gravidade do trabalho socorrista que a desobsessão desenvolve, batidas à porta já cerrada, por irmãos do círculo, iniciantes e retardatários, ainda não afeitos à disciplina, ruídos festivos da vizinhança e barulhos outros, produzidos vulgarmente por insetos, animais, viaturas, etc.

Há, porém, os embaraços no campo interno da reunião, dentre os quais se destacam a luz apagada de chofre ou o mal-estar súbito de alguém.

Nesses casos, o dirigente da casa tomará providências imediatas para que os problemas em curso se façam compreensivelmente atendidos.

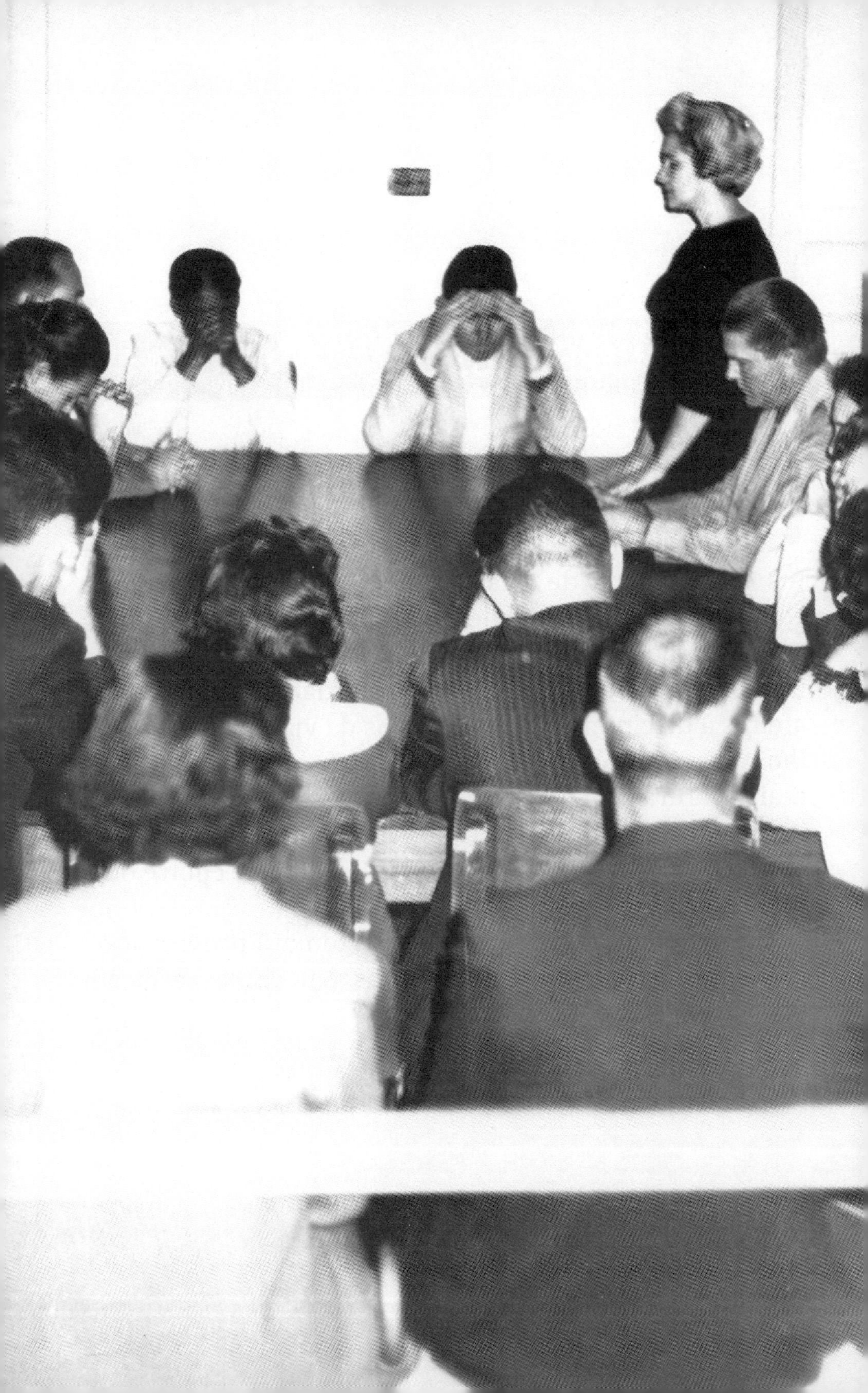

54 MANIFESTAÇÃO FINAL DO MENTOR

Aproximando-se o horário de encerramento, o dirigente da reunião, depois de verificar que todos os assuntos estão em ordem, tomará a palavra, explicando que as atividades se acham na fase final, solicitando aos presentes pensamentos de paz e reconforto, notadamente a benefício dos sofredores.

Em seguida, recomendará aos médiuns passistas atenderem ao encargo que lhes compete e solicitará da assembleia a continuidade da atenção e do silêncio, para que o médium indicado observe se o orientador espiritual da reunião ou algum outro instrutor desencarnado deseja transmitir aviso ou anotação edificante para estudo e meditação do agrupamento. Se a casa dispõe de aparelho gravador, é importante que a máquina esteja convenientemente preparada e em condições de fixar a palavra provável do comunicante amigo.

Na hipótese de verificar que o orientador desencarnado não deseja trazer nenhum aviso ou instrução, o médium indicado dará ciência disso ao dirigente, a fim de que ele profira a prece final e, em seguida, declare encerrada a reunião.

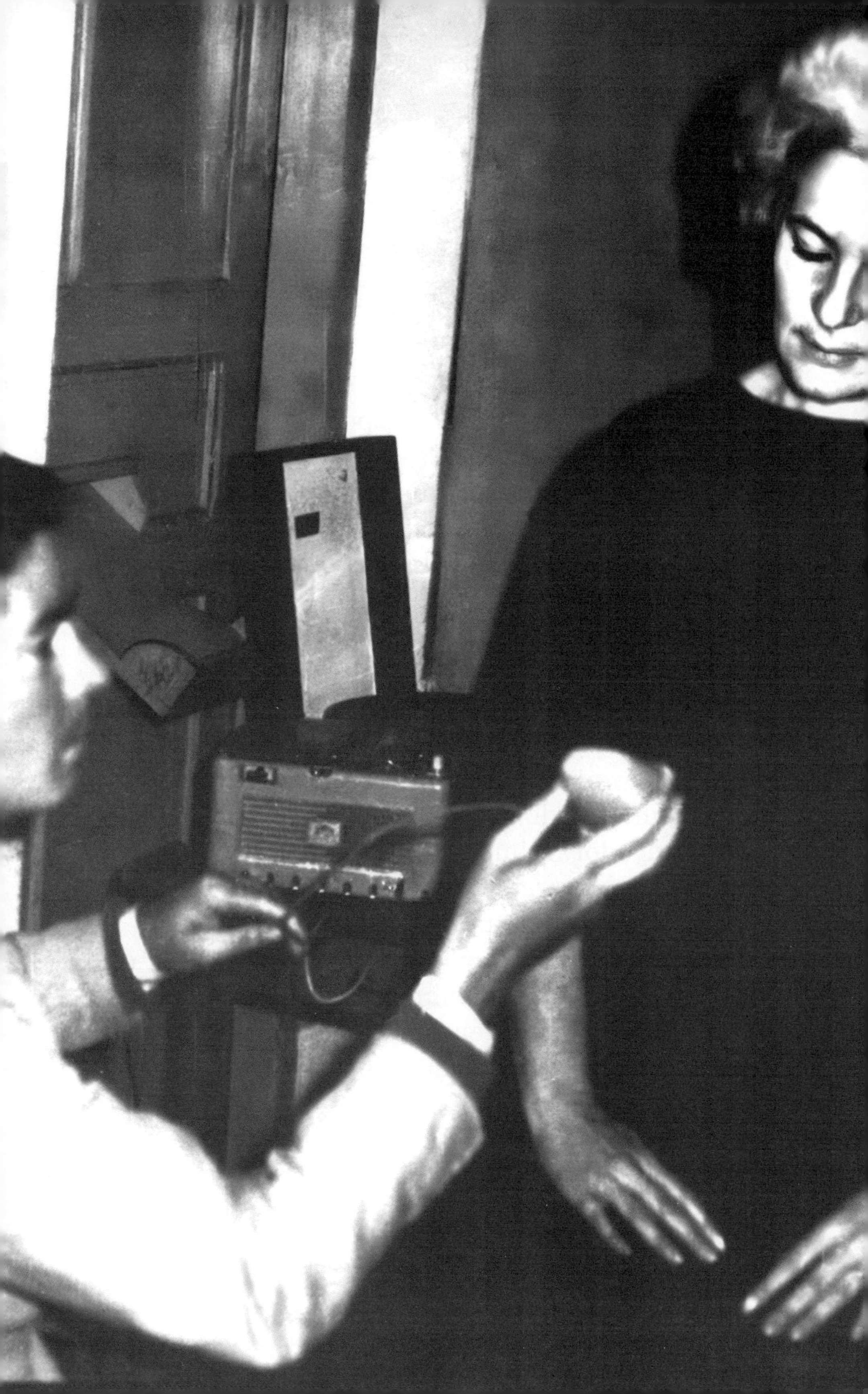

55 GRAVAÇÃO DA MENSAGEM

O diretor da reunião, se existe no grupo a possibilidade de gravação da mensagem final, que possa servir na edificação comum, não se alheará do trabalho dessa natureza, conquanto designe esse ou aquele companheiro para auxiliá-lo.

Responsabilizar-se-á diretamente pelo material de que os benfeitores espirituais se utilizarão, fazendo-se zelador atencioso do aparelho gravador e dos respectivos implementos, compreendendo que os serviços programados para cada reunião devem ser executados sem atropelos ou omissões.

O grupo ouvirá atenciosamente a palavra do comunicante amigo, seja ele o orientador da casa ou algum benfeitor recomendado por ele.

Frequentemente, o visitante encaminhado à reunião pelo mentor pode não ser um luminar da Espiritualidade Maior, e sim um companheiro recém-convertido à Verdade, disposto a relatar as próprias experiências, quase sempre esmaltadas de lembranças dolorosas, ocorrência essa que se verifica objetivando-se o conforto ou a edificação.

De qualquer modo, a palavra do visitante espiritual, pelo médium, deve ser ouvida com o respeito máximo, procurando-se nela, acima de qualquer preceito gramatical, o sentido, a lógica, a significação e a diretriz.

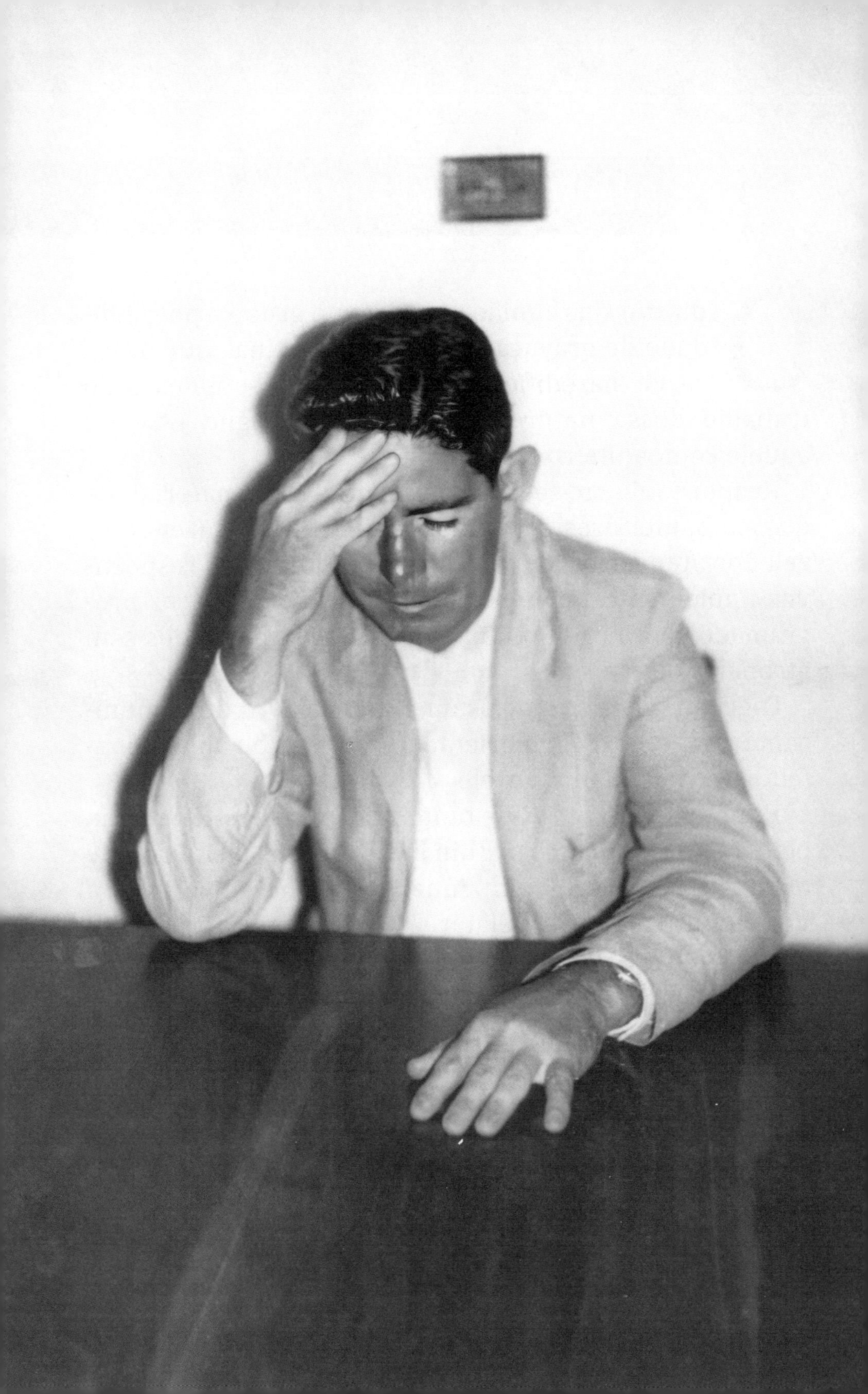

56 PRECE FINAL

A oração final, proferida pelo dirigente da reunião, obedecerá à concisão e à simplicidade.

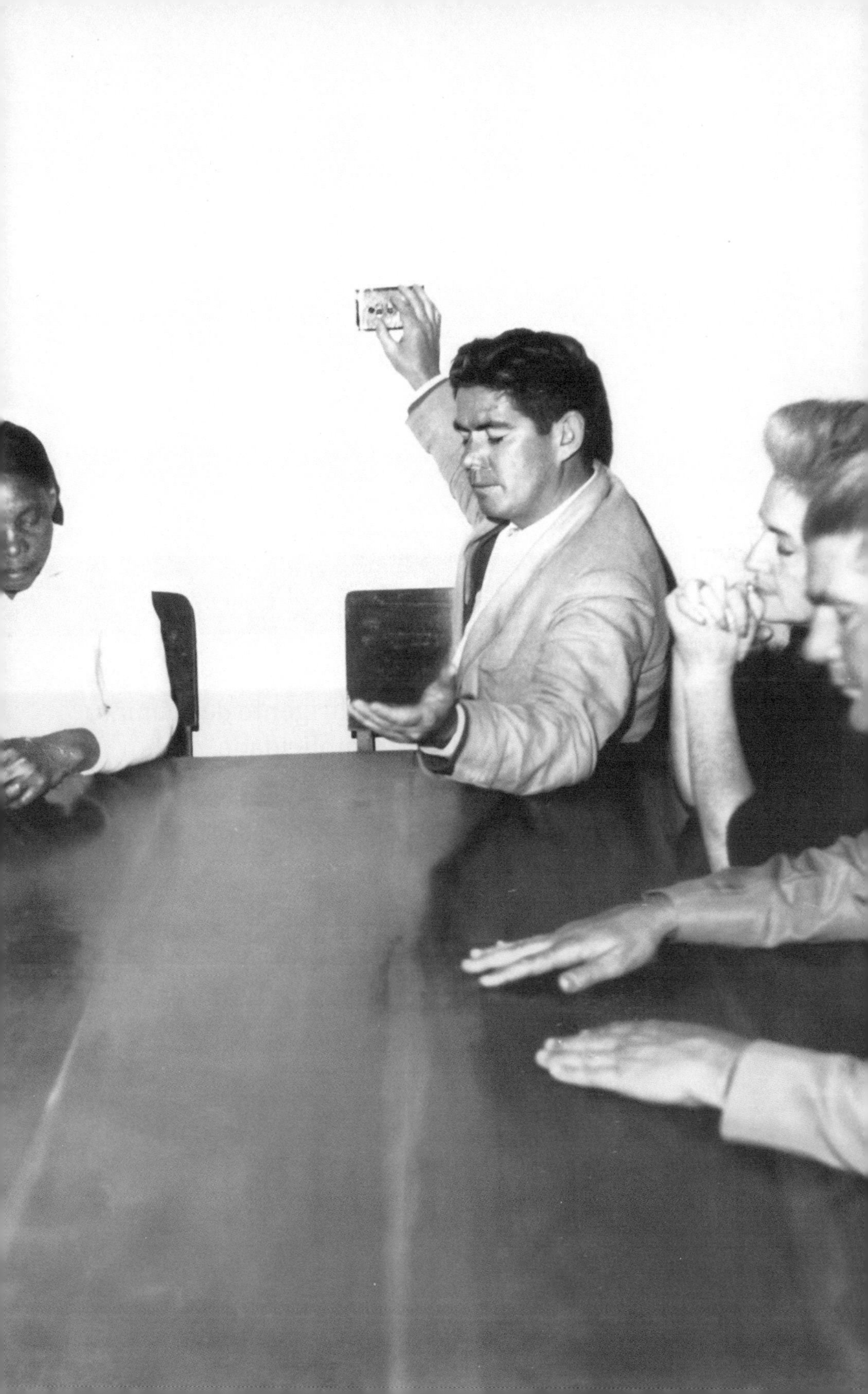

57 ENCERRAMENTO

Terminada a prece final, o diretor, com uma frase breve, dará a reunião por encerrada e fará no recinto a luz plena.

Vale esclarecer que a reunião pode terminar antes do prazo de duas horas, a contar da prece inicial, evitando-se exceder esse limite de tempo.

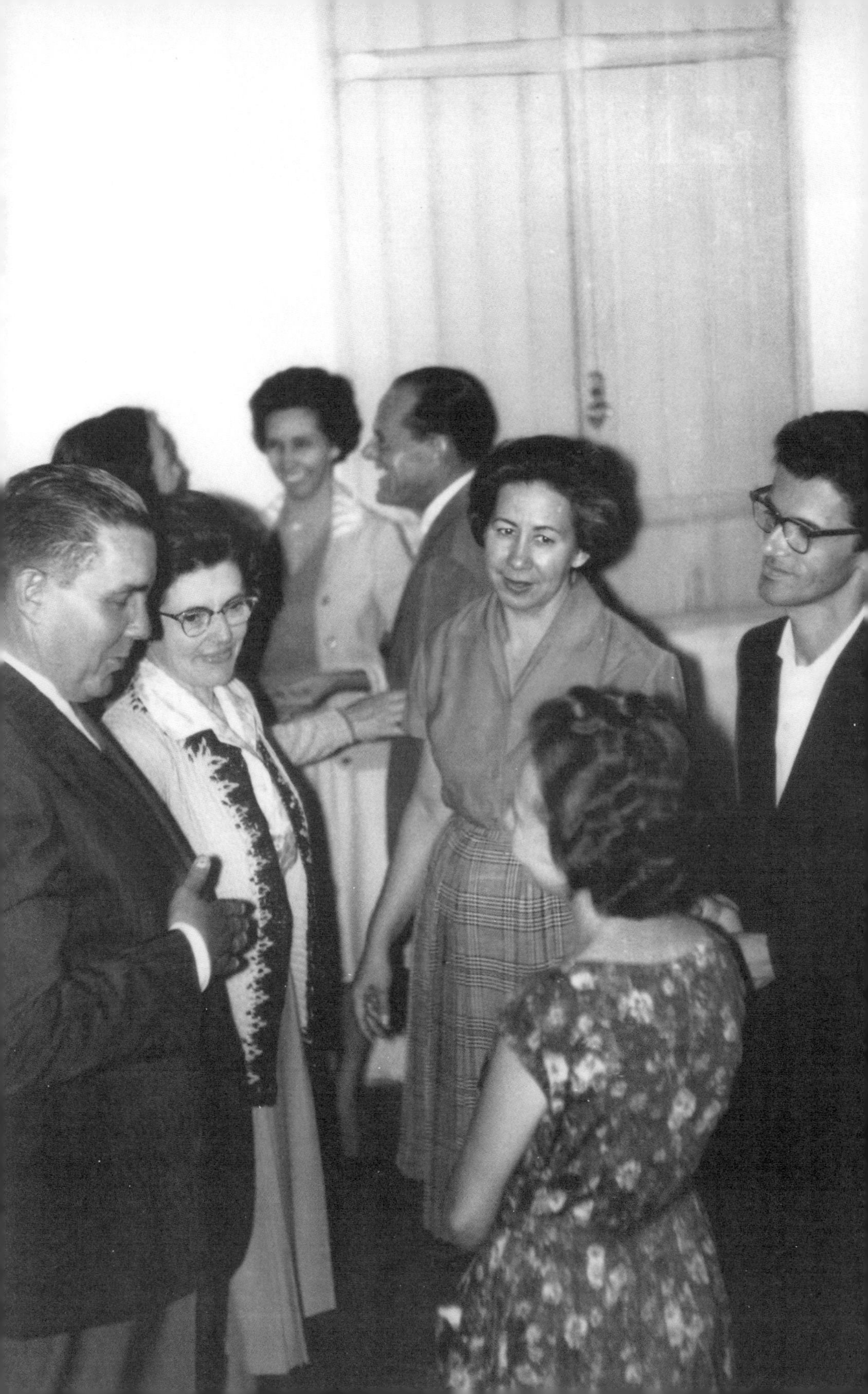

58 CONVERSAÇÃO POSTERIOR À REUNIÃO

Claro que terminada a reunião sintam-se os integrantes da equipe inclinados a entrelaçar pensamentos e palavras na conversação construtiva, porquanto, se a alegria da obrigação cumprida não lhes marca o íntimo, algo existe na equipe a ser necessariamente retificado.

Euforia de confraternização, reconforto do dever nobremente atendido.

Não raro, surge a oportunidade da prosa afetiva em torno de um café ou enquanto se espera condução.

Falemos, cultivando bondade e otimismo.

Importante que a palestra não descambe para qualquer expressão negativa.

Se um dos desencarnados sofredores emitiu conceitos menos felizes, ou se um dos médiuns em ação não conseguiu desincumbir-se corretamente das atribuições que lhe foram conferidas em serviço, evitem-se com empenho reprovações, críticas, motejos, sarcasmos.

Compreendamos que uma equipe para a desobsessão se desenvolve e se aperfeiçoa com serviço e tempo, como qualquer outra empresa produtiva, e algum comentário desairoso, destacando deficiências e males, constitui prejuízo na obra do progresso e na consolidação do bem.

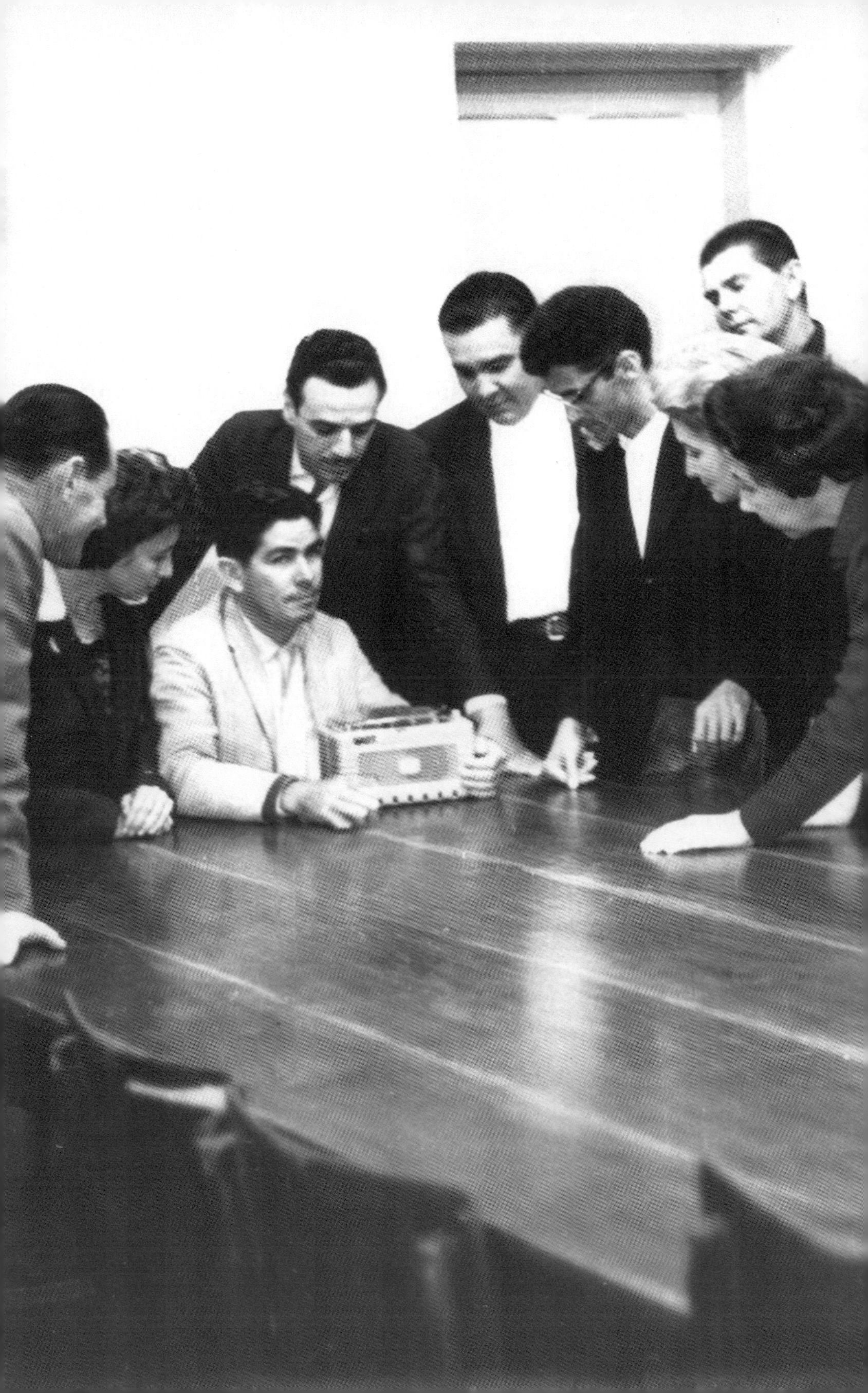

59 REOUVINDO A MENSAGEM

Ainda no recinto ou nos dias subsequentes, é aconselhável que os lidadores da desobsessão, quando seja necessário, reouçam a mensagem educativa, obtida na fase terminal das tarefas, caso haja sido gravada. Procurar – repitamos – nas frases do comunicante a essência e a orientação. Por outro lado, abster-se do impulso da divulgação sem estudo.

Cabe refletir que as primeiras instruções para a criatura reencarnada se verificam no plano doméstico. A criatura humana recebe dos pais e dos instrutores do lar conselhos e indicações inesquecíveis, mas, por isso, nem todos podem ser encaminhados às tipografias para o trabalho publicitário. Ninguém se lembrará de enviar uma advertência maternal qualquer para a imprensa, conquanto um aviso de mãe seja sempre uma peça preciosa para os filhos a que se destine.

O dirigente, na hipótese da recepção de mensagens destinadas à propagação, precisará joeirá-las em rigorosa triagem, solicitando, para esse fim, o concurso de companheiros habituados às lides culturais e doutrinárias, com autoridade bastante para emitir opiniões, verificando, igualmente, se as instruções obtidas não coincidem, na forma literal, com essa ou aquela página espírita, mediúnica ou não, já consagrada na leitura comum, embora o fundo moral seja respeitável.

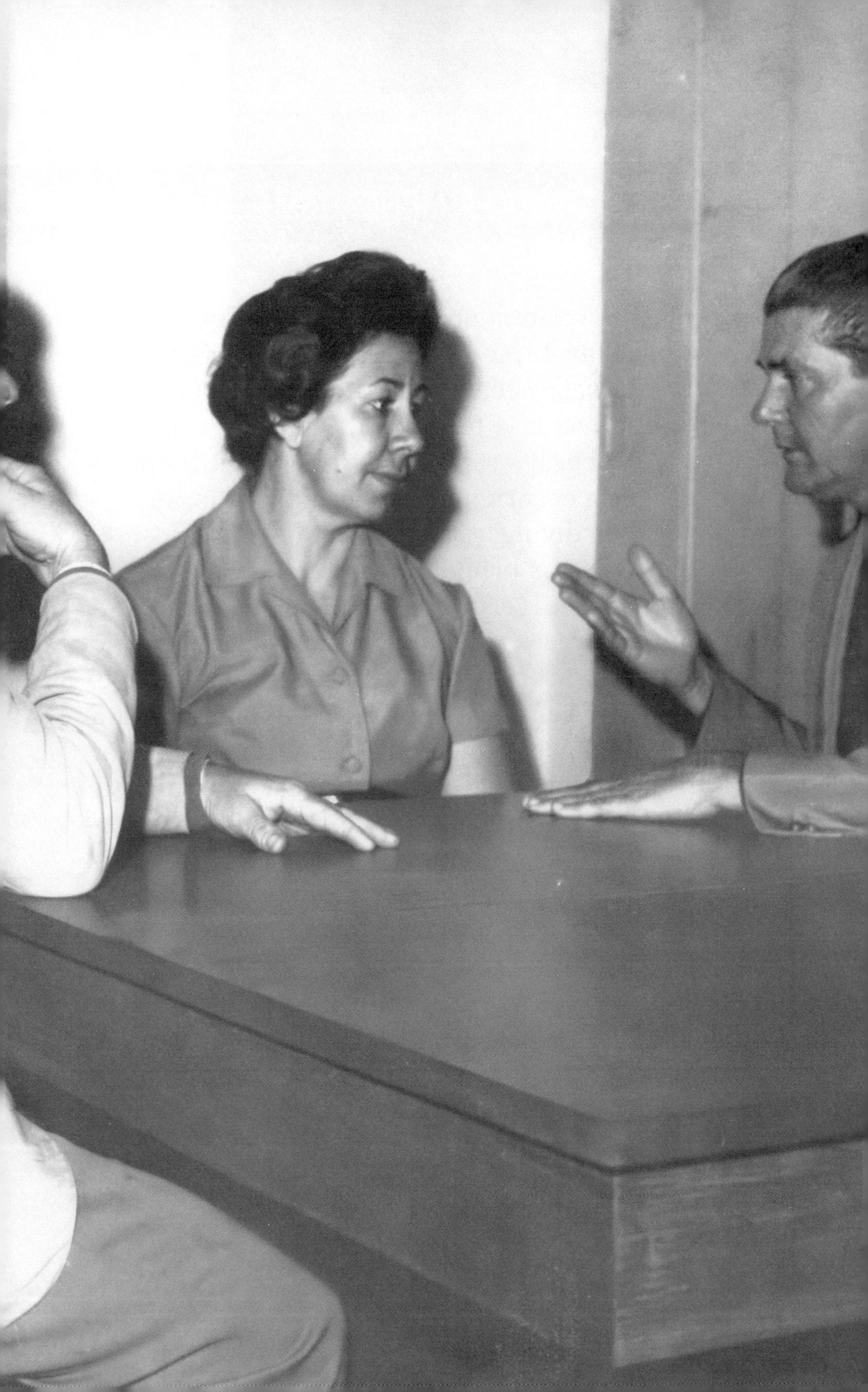

60 ESTUDO CONSTRUTIVO DAS PASSIVIDADES

É interessante que dirigente, assessores, médiuns psicofônicos e integrantes da equipe, finda a reunião, analisem, sempre que possível, as comunicações havidas, indicando-se para exame proveitoso os pontos vulneráveis dessa ou daquela transmissão.

As observações fraternas e desapaixonadas, nesse sentido, alertarão os companheiros da mediunidade quanto a senões que precisem evitar e recordarão aos encarregados do esclarecimento pequenas inconveniências de atitude ou palavra nas quais não devem reincidir.

De semelhante providência, efetuada com o apreço recíproco que necessitamos sustentar uns para com os outros, resultará que todos os componentes da reunião se investirão, por si mesmos, na responsabilidade que nos cabe manter no estudo constante para a eficiência do grupo.

Se os médiuns esclarecedores julgam conveniente a atenção desse ou daquele médium psicofônico em determinado tema de serviço espiritual, chamá-lo-ão a entendimento particular, evitando-se a formação de suscetibilidades, salientando-se que os próprios médiuns psicofônicos, se libertos de teias obsessivas, são os primeiros a se regozijarem com o exame sincero do esforço que apresentam.

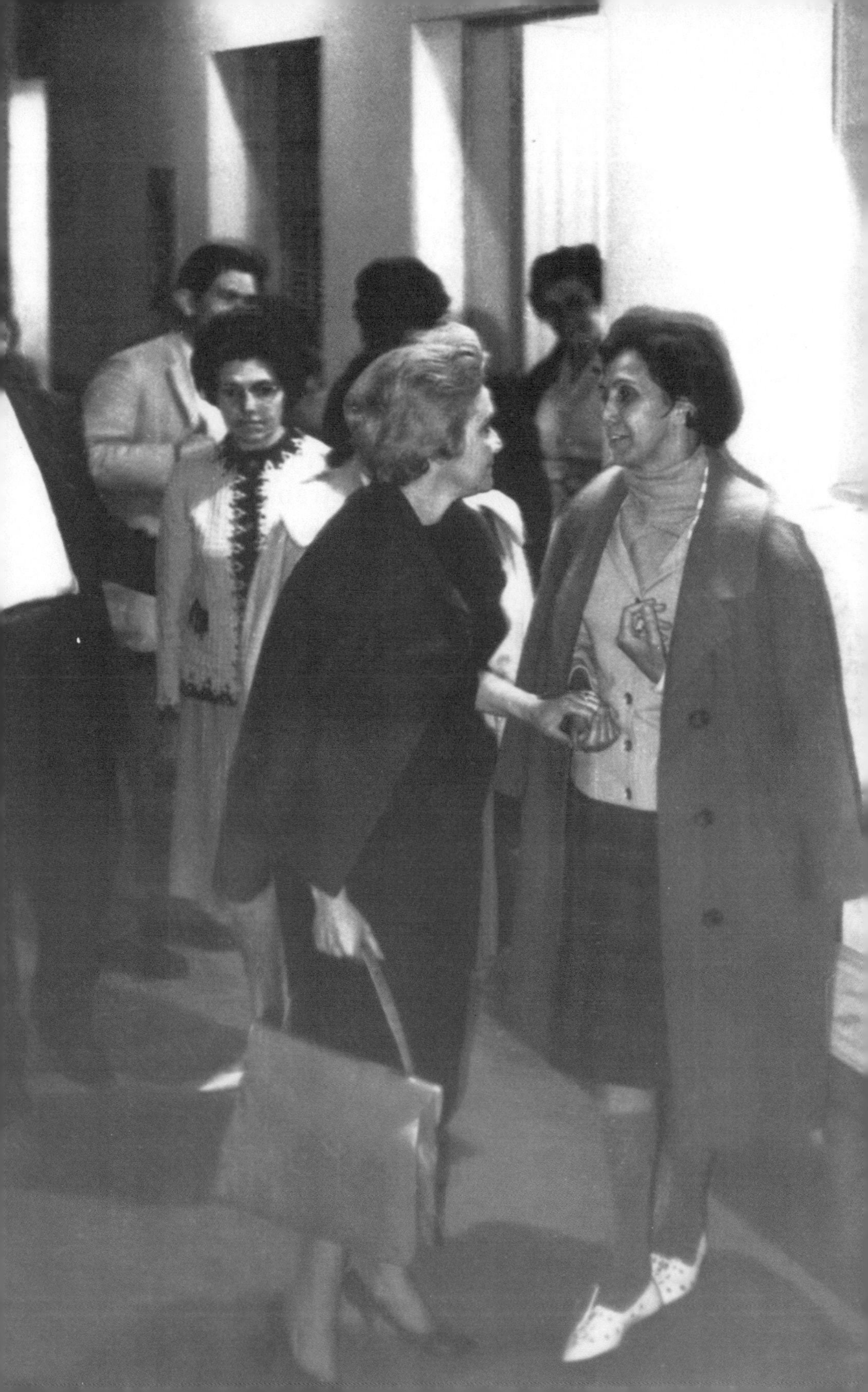

61 SAÍDA DOS COMPANHEIROS

A saída dos companheiros realizar-se-á nos moldes da discrição seguidos na entrada.

Evitar-se-ão gritos, gargalhadas, referências maliciosas, anedotário picante.

O serviço da desobsessão reclama a tranquilidade e o respeito que se deve a um sanatório de doenças mentais.

Considerem os companheiros dessa sementeira de amor que estão sendo, muitas vezes, seguidos e observados por muitos enfermos desencarnados que lhes ouviram, com interesse, as exortações e os ensinos, no curso da reunião, e será contraproducente, além de indesejável, qualquer atitude ou comentário pelos quais os tarefeiros do socorro espiritual desmanchem, invigilantes, os valores morais que eles próprios construíram na consciência e no ânimo dos Espíritos beneficiados.

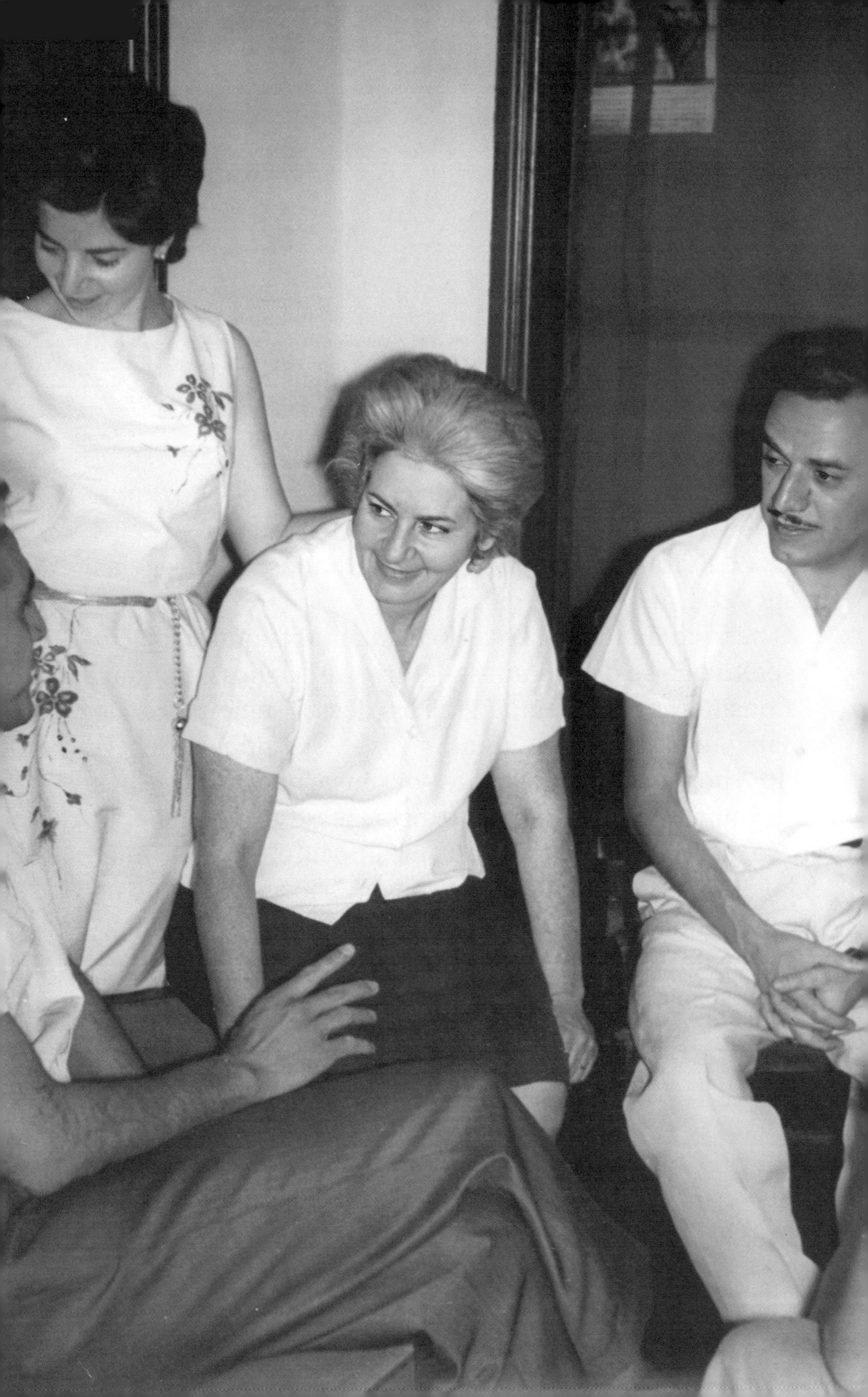

62 COMENTÁRIOS DOMÉSTICOS

De volta a casa, convém que os servidores da desobsessão silenciem qualquer nota inconveniente acerca de transmissões, influências, fenômenos ou revelações havidas na reunião.

Se os comunicantes se referirem a problemas infelizes, como sejam crimes, ofensas, mágoas ou faltas diversas, cabe-nos recordar que a obra da desobsessão, no fundo, é libertação das trevas de espírito e não existe libertação das sombras sem esquecimento do mal.

Conversas acerca de quaisquer manifestações ou traços deprimentes do amparo espiritual efetuado estabelecem ímãs de atração, criando correntes mentais de ação e reação entre os comentaristas e os que se tornam objeto dos comentários em pauta, realidade essa que faz de todo desaconselháveis as referências sobre o mal, de vez que funcionam à maneira de bisturis invisíveis, revolvendo inutilmente as chagas mentais dos enfermos desencarnados que foram atendidos, arrancando-os do alívio em que estão mergulhados, para novas síndromes de angústia.

Isso, porém, não impede que médiuns esclarecedores, médiuns psicofônicos e companheiros outros analisem determinadas passagens da palavra ou da presença das entidades sofredoras, em círculo íntimo, para estudo construtivo, com efeitos na edificação do bem, ao modo de especialistas num simpósio conduzido com discrição.

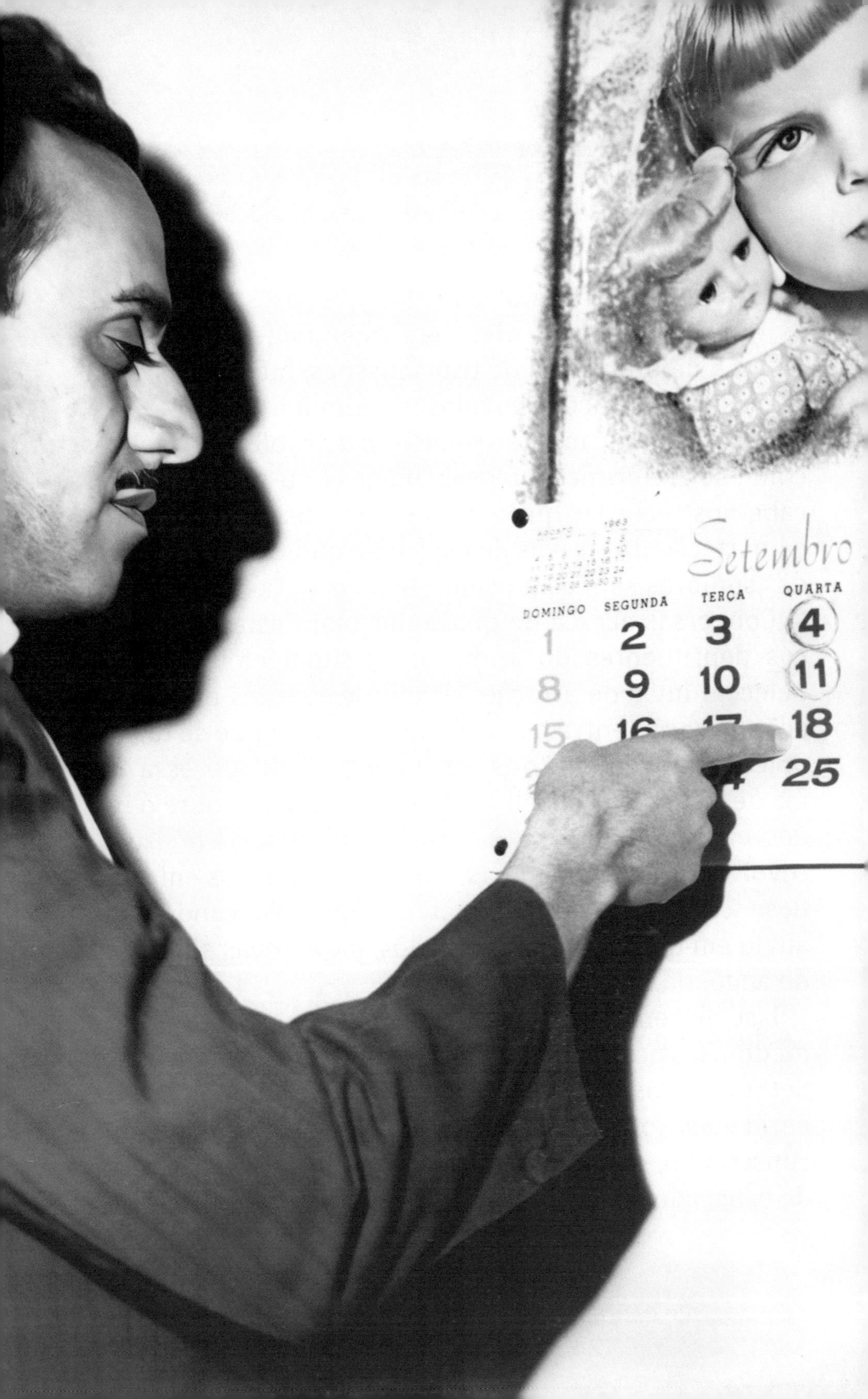

63 ASSIDUIDADE

Assiduidade é lição que colhemos na escola da Natureza, todos os dias.

Lavradores enriquecem os celeiros da Humanidade, confiando na pontualidade das estações.

A desobsessão, para alcançar os objetivos libertadores e reconfortativos a que se propõe, solicita lealdade aos compromissos assumidos.

Aprendamos, durante a semana, a remover os empecilhos que provavelmente nos visitarão no dia e na hora prefixados para o socorro espiritual aos desencarnados menos felizes.

Observemos a folhinha, estejamos atentos às obrigações que os Benfeitores Espirituais depositam em nossas mãos e nas quais não devemos falhar.

Muito natural que a ausência não justificada do companheiro a três reuniões consecutivas seja motivo para que se lhe promova a necessária substituição.

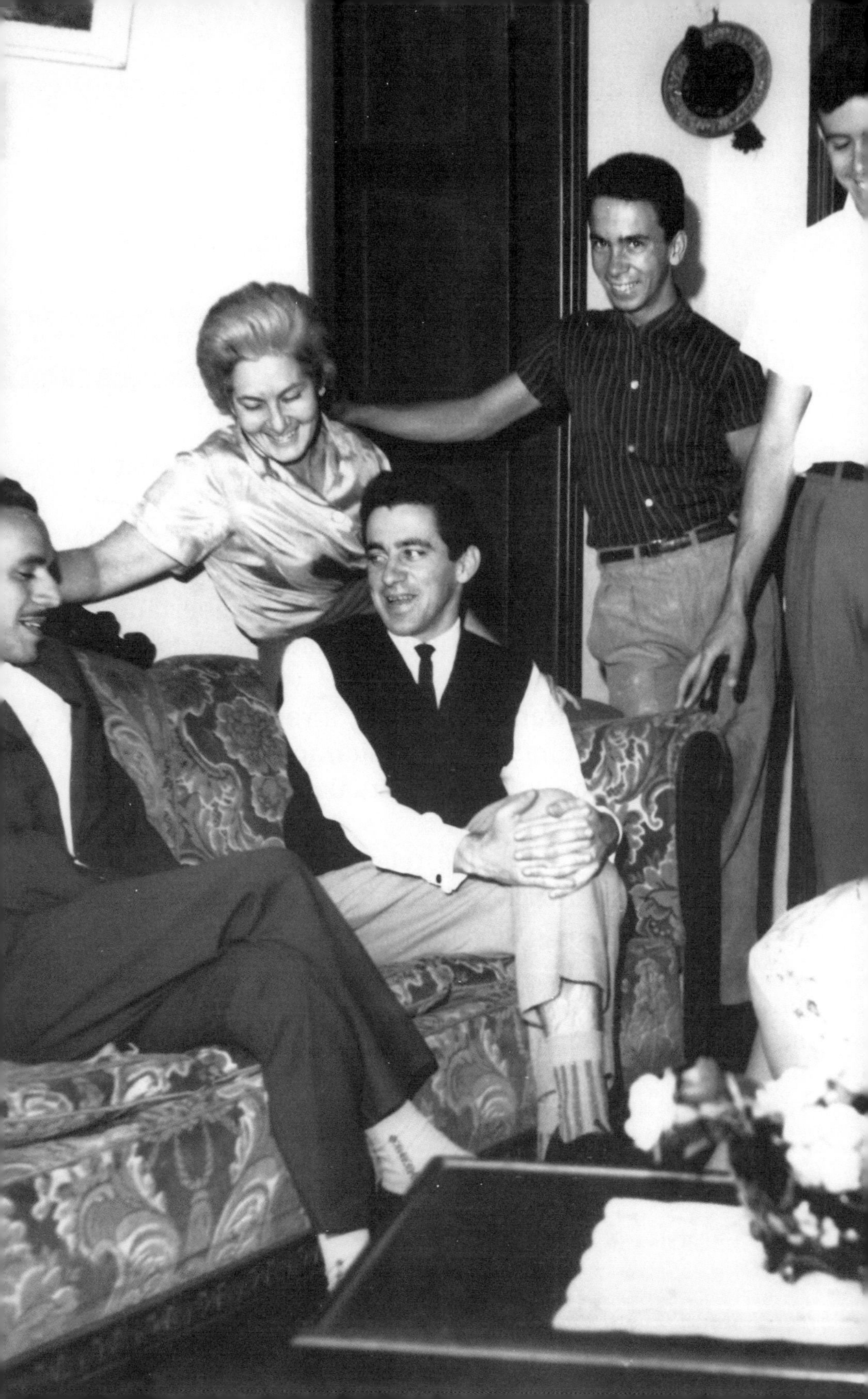

64 BENEFÍCIOS DA DESOBSESSÃO

Erraríamos frontalmente se julgássemos que a desobsessão apenas auxilia os desencarnados que ainda pervagam nas sombras da mente.
Semelhantes atividades beneficiam a eles, a nós, bem assim aos que nos partilham a experiência quotidiana, seja em casa ou fora do reduto doméstico, e, ainda, os próprios lugares espaciais em que se desenvolve a nossa influência.
Reuniões dedicadas à desobsessão constituem, bastas vezes, trabalho difícil, pois, em muitas circunstâncias, parece cair em monotonia desagradável, não só pela repetição frequente de manifestações análogas umas às outras, como também porque a elas compareçam, durante largo tempo, entidades cronicificadas em rebeldia e presunção. Isso, porém, não pode e não deve desencorajar os tarefeiros desse gênero de serviço, de vez que nenhum pesquisador encarnado na Terra está em condições de avaliar os benefícios resultantes da desobsessão quando está sendo corretamente praticada.
Todos possuímos desafetos de existências passadas, e, no estágio de evolução em que ainda respiramos, atraímos a presença de entidades menos evolvidas, que se nos ajustam ao clima do pensamento, prejudicando, não raro, involuntariamente, as nossas disposições e possibilidades de aproveitamento da vida e do tempo. A desobsessão vige, desse modo, por remédio moral específico, arejando os caminhos mentais em que nos cabe agir, imunizando-nos contra os perigos da alienação e estabelecendo vantagens ocultas em nós, para nós e em torno de nós, numa extensão que, por enquanto, não somos capazes de calcular. Através dela, desaparecem doenças-fantasmas, empeços obscuros, insucessos, além de obtermos com o seu apoio espiritual mais amplos horizontes ao entendimento da vida e recursos morais inapreciáveis para agir, diante do próximo, com desapego e compreensão.

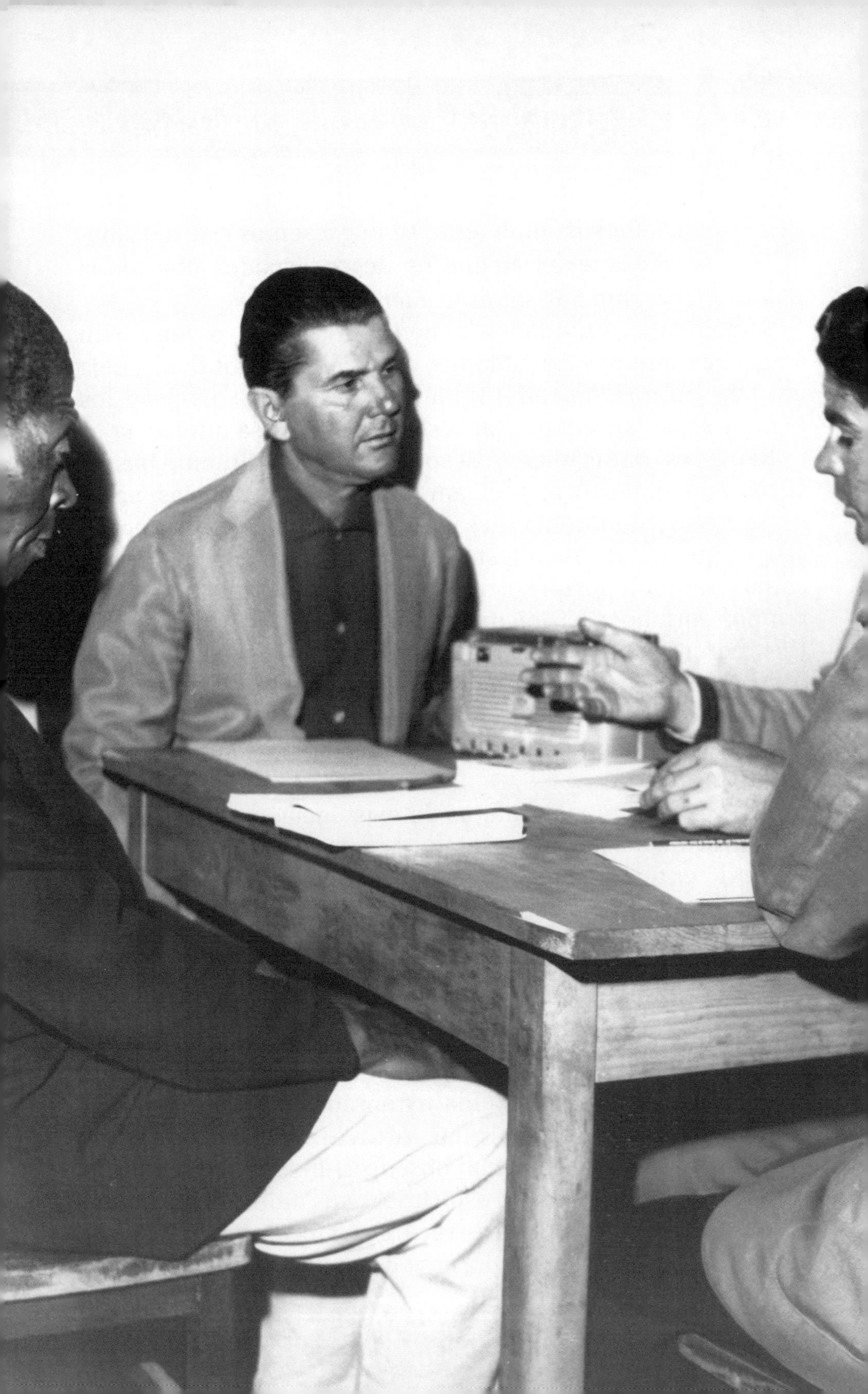

65 REUNIÕES DE MÉDIUNS ESCLARECEDORES

Os médiuns esclarecedores não podem alhear-se do imperativo de entendimento recíproco e estudo constante acerca das atividades que lhes dizem respeito.

Para isso, reunir-se-ão, periodicamente, ou quando lhes seja possível, para a troca de impressões, à luz da Doutrina Espírita, analisando tópicos do trabalho ou apresentando planos entre si com o objetivo de melhoria e aperfeiçoamento do grupo.

Semelhantes reuniões são absolutamente necessárias para que se aparem determinadas arestas da máquina de ação e se ajustem providências em benefício das obras em andamento. Esses ajustes, à maneira de sodalícios doutrinários, constituem, ainda, meios de atuação segura e direta dos mentores espirituais do grupo para assumirem medidas ou plasmarem advertências, aconselháveis ao equilíbrio e ao rendimento do conjunto.

Os médiuns esclarecedores não devem esquecer que, ao término de cada tarefa de desobsessão, quase sempre ficam indagações e temas de serviço que, com tempo e madureza de raciocínio, merecem analisados, a benefício geral.

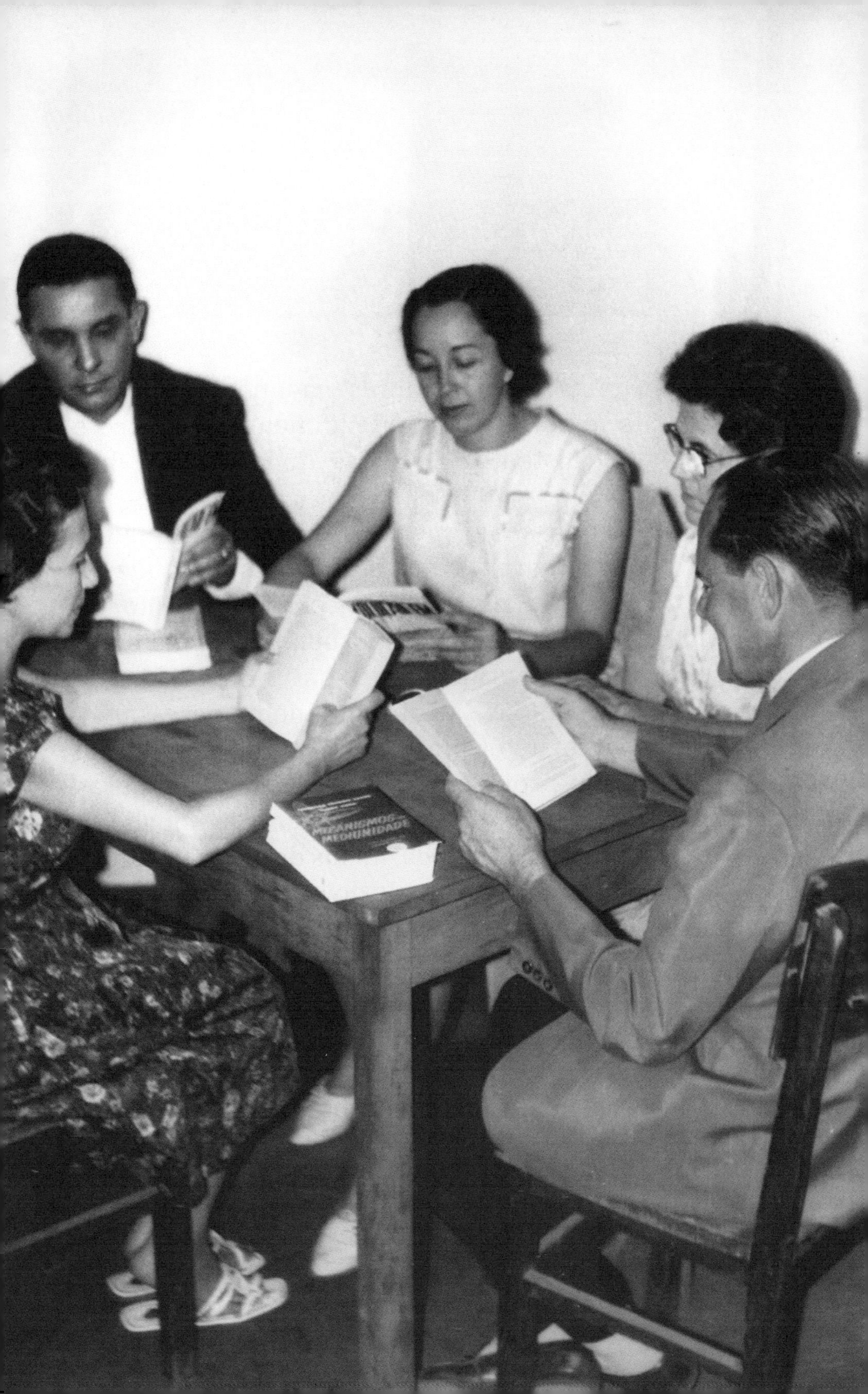

66 REUNIÕES DE ESTUDOS MEDIÚNICOS

As reuniões de estudos mediúnicos, de ordem geral, no grupo, são necessárias.

No curso delas, em dias e horários que não sejam os prefixados para a desobsessão, os esclarecedores e os companheiros ouvirão os medianeiros da equipe, registando-lhes[4] as consultas e impressões, a fim de que os problemas suscitados pelas faculdades e indagações de cada um sejam solucionados à luz dos princípios espíritas conjugados ao Evangelho de Jesus.

Aconselha-se-lhes o estudo metódico de *O livro dos médiuns*, de Allan Kardec, e todas as obras respeitáveis que se relacionem com a mediunidade.

Os benfeitores desencarnados e os Espíritos familiares estudam sempre a fim de se tornarem mais úteis na obra da educação e do consolo junto da humanidade terrestre.

É imprescindível que os lidadores encarnados estudem também.

---

4 N.E.: Forma pouco usual para o verbo "registrar".

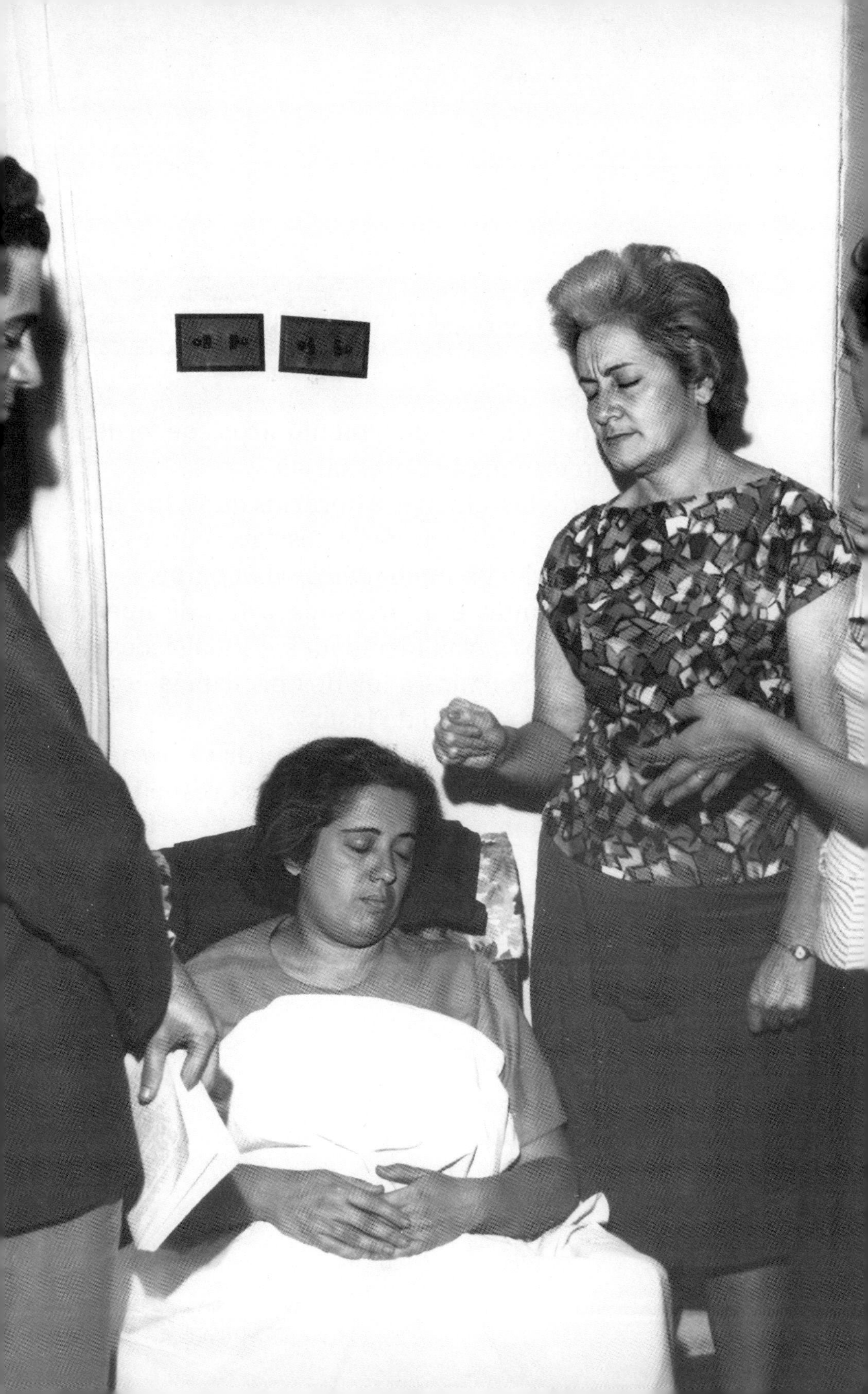

67 REUNIÕES MEDIÚNICAS ESPECIAIS

Em determinadas circunstâncias, as reuniões mediúnicas podem surgir como necessárias a fins determinados.

Nessa hipótese, realizar-se-ão sem qualquer prejuízo para as reuniões habituais.

Para que isso aconteça, porém, é claramente preciso que o mentor espiritual do agrupamento trace instruções especiais.

Noutros casos, o próprio grupo, Através do dirigente, proporá ao mentor espiritual a realização de reuniões dessa natureza para atender a equações de trabalho socorrista, consideradas de caráter urgente.

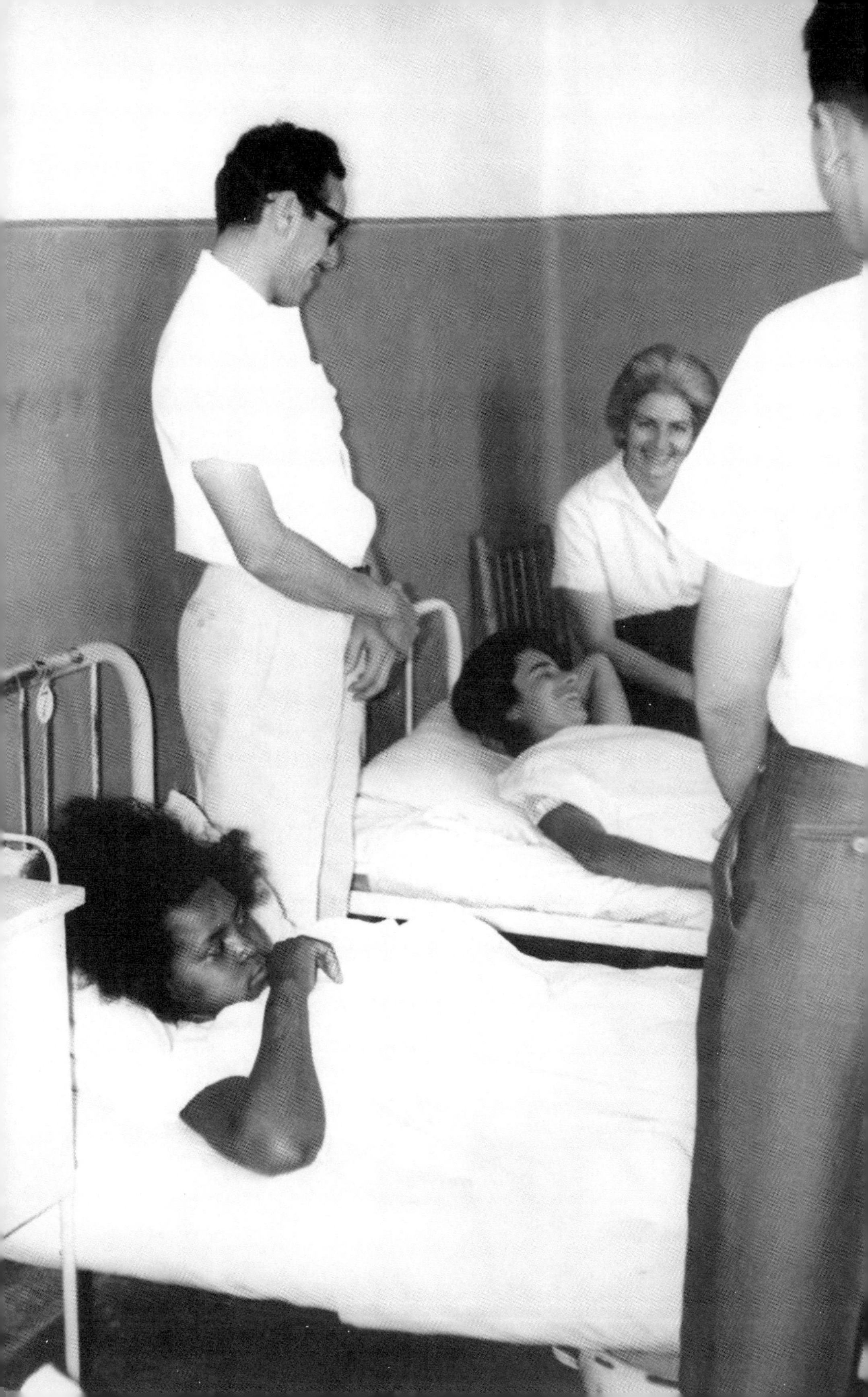

68 VISITA A ENFERMO

Algumas vezes, a equipe dedicada a desobsessões é chamada ao contato com determinado enfermo, retido no próprio lar.

Indiscutivelmente que a visita deve ser feita, havendo possibilidades para isso, aconselhando-se, porém, que o grupo se faça representar por uma comissão de companheiros junto ao doente.

Essa comissão terá o cuidado de recolher o endereço do irmão necessitado, para que o grupo preste a ele a assistência possível.

Na visita a qualquer doente, a equipe deve abster-se da ação mediúnica, diante dele, no que tange à doutrinação e ao socorro aos desencarnados sofredores, reservando-se semelhante tarefa para o recinto dedicado a esse mister.

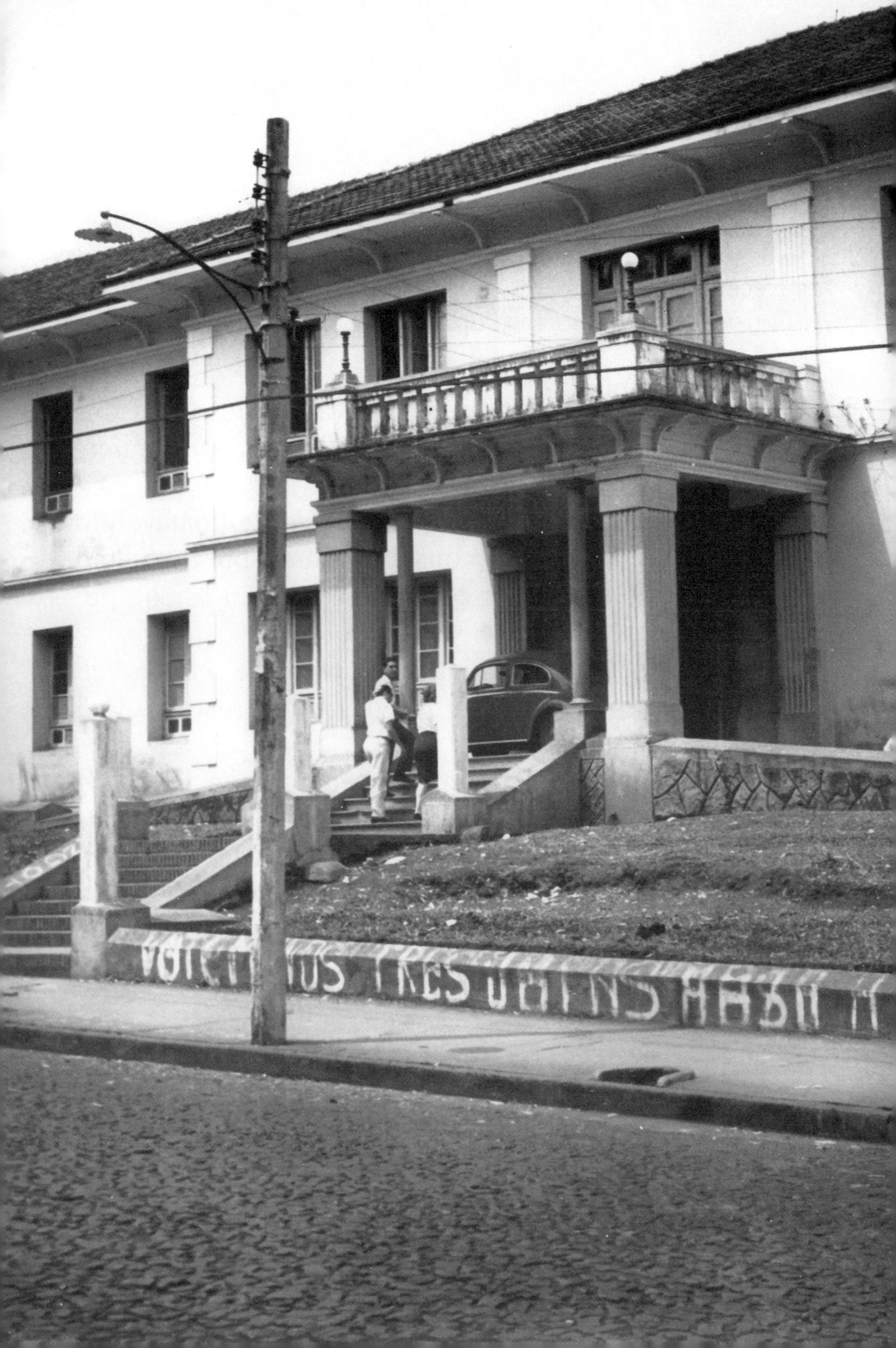

69 VISITA A HOSPITAL

Um grupo dedicado ao trabalho da desobsessão é constantemente requestado à prestação de serviço. Em meio aos pedidos diversos de concurso e auxílio, aparecem as solicitações de visita a hospitais.

Considerando a hipótese do atendimento, é importante que o conjunto de serviço se represente por irmãos do círculo habilitados a desincumbir-se da obrigação, de modo construtivo, isto é, mantendo no trato com o enfermo ou com os enfermos atitudes edificantes de reconforto, sem mostras de impressionabilidade doentia e sem manifestações mediúnicas extemporâneas, das quais, em tantos casos, se prevalecem os Espíritos conturbados para agravar sintomas e perturbações nos irmãos alienados ou doentes a que se vinculam em processos obsessivos.

A comissão representativa do agrupamento anotará nomes e endereços dos visitados, para cooperação oportuna, dosando a ministração de conceitos inerentes aos temas da obsessão, quando em conversa com os enfermos ainda desprovidos de conhecimento espírita, a fim de que a orientação curativa se lhes implante na mente, a pouco e pouco, de maneira segura.

É imperioso observar que os médiuns psicofônicos auxiliarão com mais eficiência se puderem conhecer, de perto, os enfermos que lhes solicitam socorro, e os médiuns esclarecedores muito aproveitarão no trato com os estabelecimentos de cura mental, aprendendo a técnica de conversar com os Espíritos perturbados, no exemplo e na experiência dos enfermeiros dignos, junto aos doentes complexos. Urge também que o comando socorrista observe as normas vigentes na organização hospitalar visitada, comportando-se de tal modo que não lhe fira os princípios.

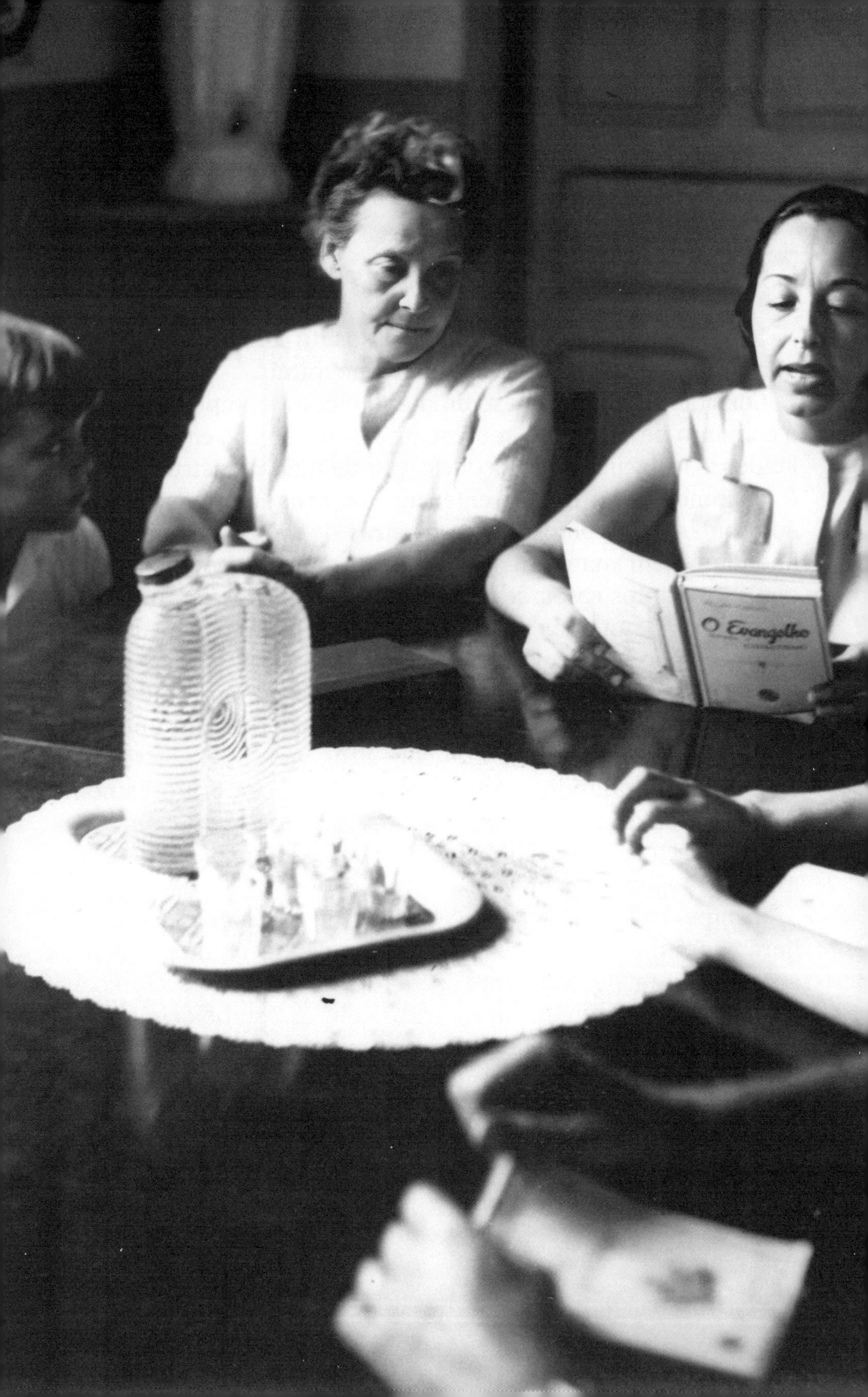
O Evangelho

70 CULTO DO EVANGELHO NO LAR

Todo integrante de uma equipe de desobsessão precisa compreender a necessidade do culto do Evangelho no lar.

Pelo menos, semanalmente, é aconselhável se reúna com os familiares ou com alguns parentes, capazes de entender a importância da iniciativa, visando aos estudos da Doutrina Espírita, à luz do Evangelho do Cristo e sob a cobertura moral da oração.

Além dos companheiros desencarnados que estacionam no lar ou nas adjacências dele, há outros irmãos já desenfaixados da veste física, principalmente os que remanescem das tarefas de enfermagem espiritual no grupo, que recolhem amparo e ensinamento, consolação e alívio, da conversação espírita e da prece em casa.

O culto do Evangelho no abrigo doméstico equivale à lâmpada acesa para todos os imperativos do apoio e do esclarecimento espiritual.

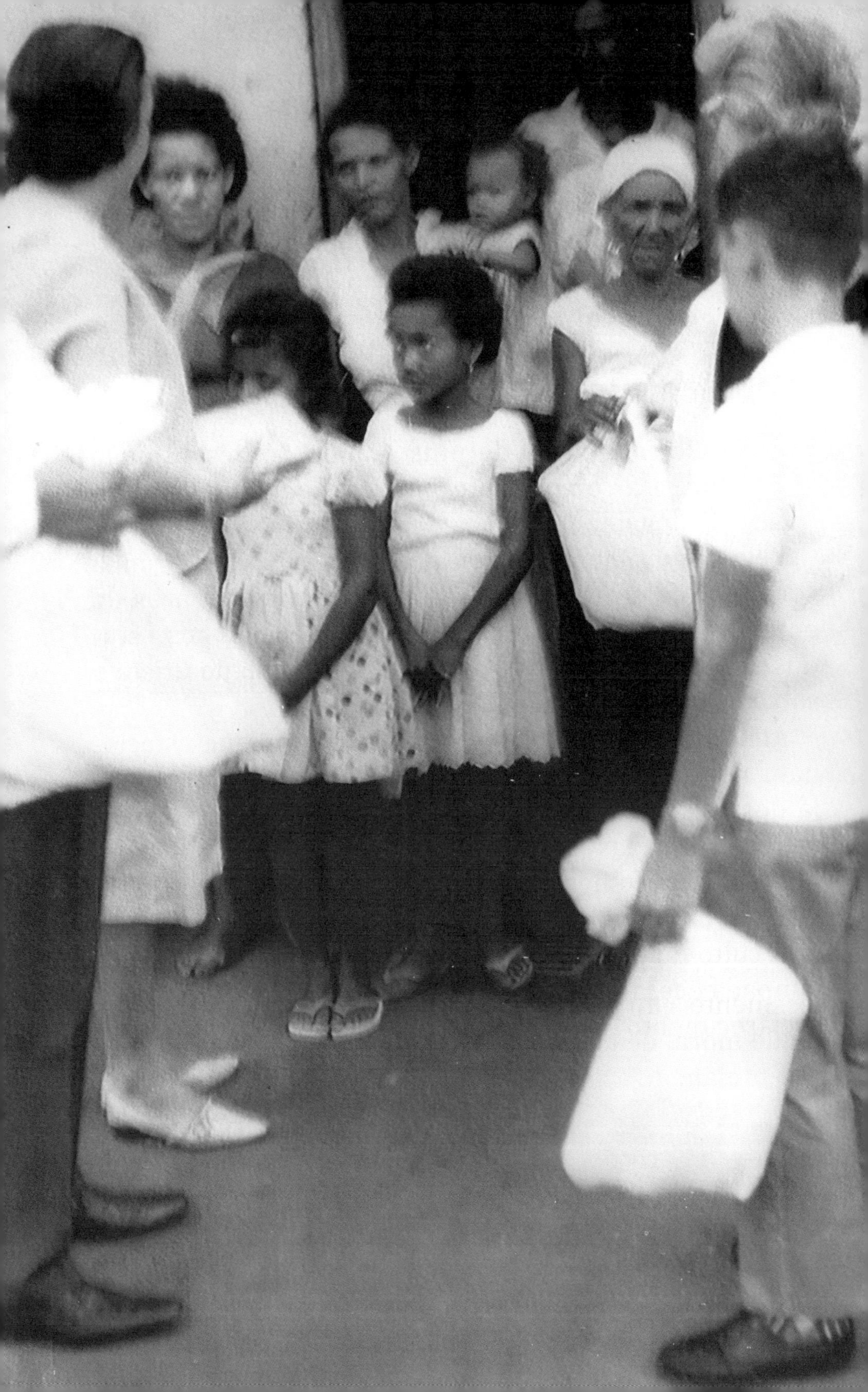

71 CULTO DA ASSISTÊNCIA

Outro aspecto de serviço que os obreiros da desobsessão não podem olvidar, sem prejuízo, é a assistência aos necessitados.

Entidades sofredoras ou transviadas, a quem se dirige a palavra instrutiva nas reuniões do agrupamento de socorro espiritual, acompanham, em muitos casos, aqueles mesmos que as exortam aos caminhos da paciência e da caridade, examinando-lhes os exemplos.

A assistência aos necessitados, seja por meio do pão ou do agasalho, do auxílio financeiro ou do medicamento, do passe ou do ensinamento, em favor dos que atravessam provações mais difíceis que as nossas, não é somente um dever, mas também valioso curso de experiências e lições educativas para nós e para os outros.

Nesse propósito, é impossível igualmente esquecer que os irmãos em revolta e desespero, que nos ouvem os apelos à regeneração e ao amor, não se transformam simplesmente à força de nossas palavras, mas, sobretudo, ao toque moral de nossas ações, quando as nossas ações se patenteiam de acordo com os nossos ensinamentos.

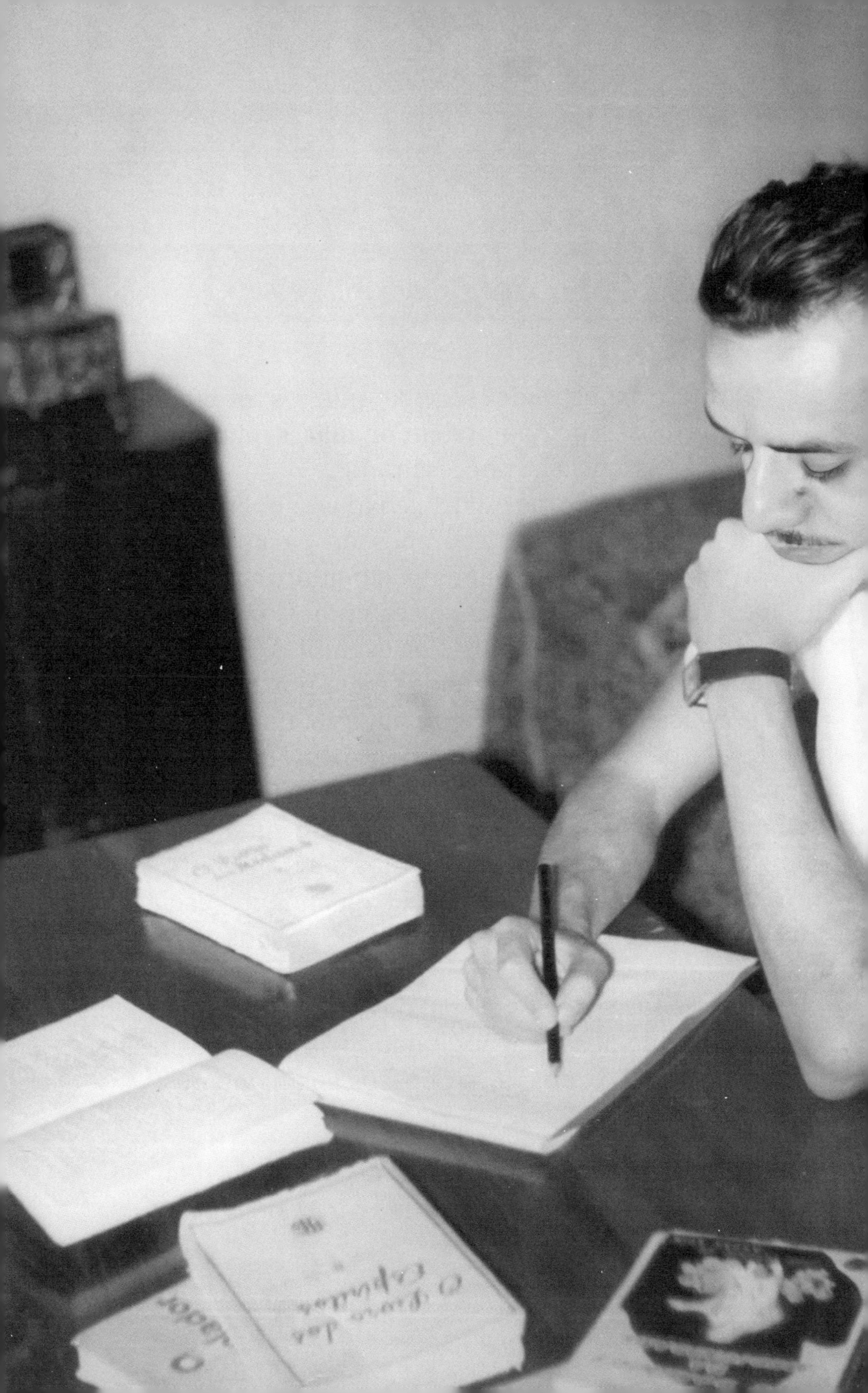
O Livro dos Espíritos

72 ESTUDOS EXTRAS

É forçoso que os seareiros da desobsessão não se circunscrevam, em matéria de atividade espírita, aos assuntos do grupo.

A fim de enriquecerem o próprio grupo com valores necessários à educação coletiva e à renovação de cada companheiro, é imprescindível aceitem o estudo nobre, qualquer que ele seja, nos arraiais da Doutrina Espírita ou fora deles, para que progridam em discernimento e utilidade na obra de recuperação que lhes cabe, iluminando convicções e dissipando incertezas.

Aprender sempre e saber mais é o lema de todo espírita que se consagra aos elevados princípios que abraça.

E na faina da desobsessão é preciso entesouremos conhecimento e experiência, para que os instrutores espirituais nos encontrem maleáveis e proveitosos na extensão do bem que nos propomos cultivar e desenvolver.

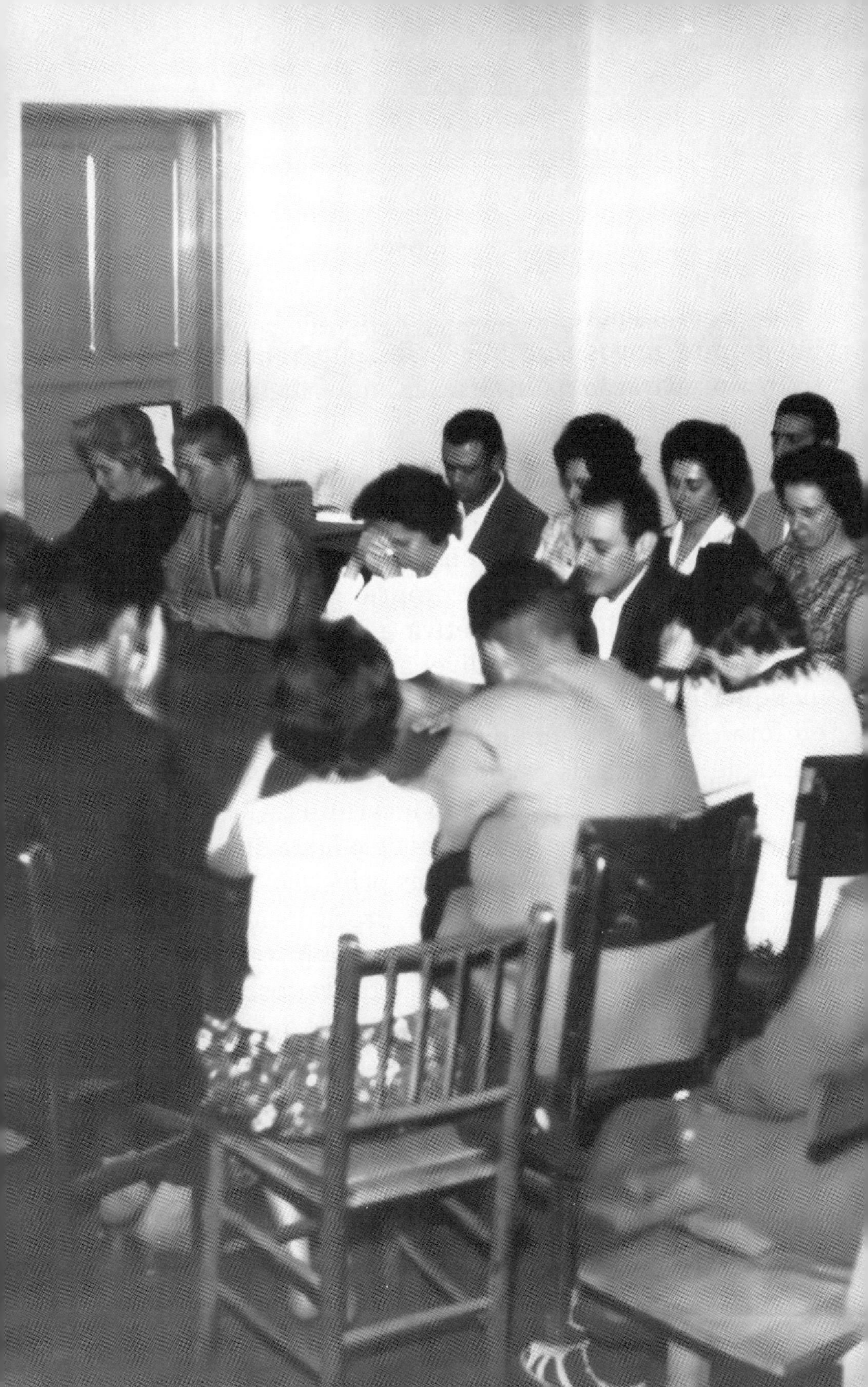

73 FORMAÇÃO DE OUTRAS EQUIPES

O conjunto de colaboradores da desobsessão, por força do trabalho realizado, costuma dilatar-se, em número, gradativamente, mas não admitirá integrantes novos sem que esses integrantes demonstrem a preparação natural, a ser adquirida nas reuniões públicas de Doutrina Espírita.

Baseado em *O livro dos médiuns* (item 332), ultrapassada a quota de 14 partícipes do conjunto, o diretor da casa auxiliará os companheiros excedentes na formação de nova equipe que, temporariamente, pode agir e servir sob a orientação do agrupamento em que nasceu.

O círculo novo contará, desse modo, com instruções sadias para consolidar-se, à maneira de aparelho consciente, cujas peças se ajustarão ao lugar próprio, esparzindo frutos de fraternidade e esclarecimento no amparo efetivo aos que sofrem, porquanto o rendimento do serviço lhe é, em tudo, o fator básico.

A obra redentora da desobsessão continuará, dessa forma, providencialmente garantida pelos corações decididos a trabalhar pelos companheiros mentalmente tombados em perturbação e conflitos, depois da morte, e pelos que, na Terra mesmo, padecem aflitivos processos de obsessão oculta ou declarada, para a supressão dos quais só o amor e a paciência dispõem de fortaleza e compreensão suficientes para sustentar a tarefa libertadora até ao fim. Isso porque a obsessão é flagelo geminado com a ignorância, e, se apenas a escola consegue dissipar as sombras da ignorância, somente a desobsessão poderá remover as trevas de espírito.

TABELA DE EDIÇÕES

DESOBSESSÃO

EDIÇÃO	IMPRESSÃO	ANO	TIRAGEM	FORMATO
1	1	1964	10.000	16x23
2	1	1969	10.000	16x23
3	1	1975	10.000	12,5x17,5
4	1	1979	10.000	12,5x17,5
5	1	1981	10.000	12,5x17,5
6	1	1983	10.000	12,5x17,5
7	1	1984	10.000	12,5x17,5
8	1	1986	15.000	12,5x17,5
9	1	1987	20.000	12,5x17,5
10	1	1989	10.000	12,5x17,5
11	1	1990	10.000	12,5x17,5
12	1	1991	10.000	12,5x17,5
13	1	1992	9.000	12,5x17,5
14	1	1993	20.000	12,5x17,5
15	1	1995	10.000	12,5x17,5
16	1	1997	10.000	12,5x17,5
17	1	1998	5.000	12,5x17,5
18	1	1998	15.000	12,5x17,5
19	1	1999	5.000	12,5x17,5
20	1	2000	3.000	12,5x17,5
21	1	2001	3.000	12,5x17,5
22	1	2002	3.000	12,5x17,5
23	1	2003	5.000	12,5x17,5
24	1	2004	3.000	12,5x17,5

DESOBSESSÃO				
EDIÇÃO	IMPRESSÃO	ANO	TIRAGEM	FORMATO
25	1	2004	3.000	12,5x17,5
26	1	2005	1.000	12,5x17,5
27	1	2005	5.000	14x21
27	2	2007	3.000	14x21
28	1	2007	5.000	14x21
28	2	2008	2.000	14x21
28	3	2009	3.000	14x21
28	4	2009	2.000	14x21
28	5	2010	3.000	14x21
28	6	2010	5.000	14x21
28	7	2012	3.000	14x21
28	8	2015	3.000	14x21
28	9	2015	2.000	14x21
28	10	2015	5.000	14x21
28	11	2016	3.000	14x21
28	12	2017	3.500	14x21
28	13	2018	2.000	14x21
28	14	2019	1.500	14x21
28	15	2020	2.700	14x21
28	16	2022	1.000	14x21
29	1	2023	2.000	15,5x23
29	2	2024	1.500	15,5x23
29	3	2025	1.700	15,5x23

Outras obras FEB Editora

A COMPLEXIDADE DA PRÁTICA MEDIÚNICA
(Edição revista e atualizada)
Waldehir Bezerra de Almeida

Este livro apresenta a linha histórica dos fenômenos mediúnicos, desde a Pré-História até o século XX, com informações necessárias para a prática segura da mediunidade na Seara de Jesus. A complexidade da prática é desmistificada com sensibilidade, destacando a parceria harmônica entre médiuns e Espíritos na produção dos fenômenos. O objetivo é oferecer informações que ajudem o leitor a compreender os resultados da interação entre dois mundos de vibrações diferenciadas em seu teor e grandeza.

A PRÁTICA MEDIÚNICA ESPÍRITA
Divaldo Pereira Franco

A obra *A prática mediúnica espírita* traz valiosas informações sobre a comunicação com os Espíritos e a obsessão espiritual, transmitidas pelo autor espiritual Manoel Philomeno de Miranda através do médium Divaldo Pereira Franco. Além de uma biografia inédita do autor espiritual, o livro compila orientações indispensáveis para participar de reuniões mediúnicas com segurança doutrinária. Com exemplos ilustrativos, a obra é leitura necessária para todos os adeptos do Espiritismo.

ESTUDANDO A DESOBSESSÃO
Waldehir Bezerra de Almeida

O Espírito André Luiz, após vinte anos de vivência e aprendizado em reuniões mediúnicas nos Planos Material e Espiritual, as quais frequentava como desencarnado, conhecedor da realidade que retardava o avanço da Doutrina Consoladora e ameaçava a sua pureza, resolveu nos legar, pela psicografia dos médiuns Francisco Cândido Xavier e Waldo Vieira, o livro *Desobsessão*, objetivando a que nos tornássemos cooperadores fiéis da Terceira Revelação, de maneira segura e eficiente, aprimorando a sublime tarefa de resgate dos irmãos que perambulam alienados no mundo das sombras, prisioneiros de suas fixações mentais flageladoras. [...] precisamos de um trabalho que auxilie a desobsessão, sem os prejuízos do misticismo, como sejam, rituais, defumações, figurações cabalísticas, ídolos diversos e fórmulas outras do magismo, respeitáveis naqueles que os aceitam de intenção pura, mas incompatíveis com os princípios libertadores da Doutrina Espírita, e tão só com as ilustrações pelas fotos conseguirá o livro *Desobsessão* apresentar ao povo uma ideia indeformável das tarefas da desobsessão, partindo do ponto de vista científico e popular, sem interferências negativas do sincretismo religioso.

ESTUDANDO A MEDIUNIDADE
Martins Peralva

Obra baseada no livro *Nos domínios da mediunidade* de André Luiz, psicografado por Francisco Cândido Xavier, explora o tema da mediunidade em 46 capítulos, com ilustrações e gráficos para facilitar a compreensão. Embora seja útil para estudiosos e espíritas, todos podem se beneficiar da compreensão do intercâmbio espiritual com o plano extrafísico. Aborda tópicos como mediunidade com e sem Jesus, obsessões, desencarnação e clarividência. Inclui informações valiosas para iniciantes em atividades mediúnicas, como proteção aos médiuns, desenvolvimento mediúnico e animismo.

OBSESSÃO / DESOBSESSÃO
Suely Caldas Schubert

Como sugere o subtítulo — profilaxia e terapêutica espíritas — este livro tem a ver com o problema avassalador e crescente das manifestações obsessivas — a atuação de Espíritos desencarnados sobre encarnados — nem sempre clara e prontamente registradas. Aborda a complexa temática do tratamento preventivo e curativo das obsessões à luz do Espiritismo. Desenvolve o tema em 4 partes: a obsessão, a terapêutica espírita, a reunião de desobsessão e a desobsessão natural. Inclui estudos de casos, atendidos em reuniões fechadas de desobsessão, revelando o trabalho eficiente das equipes encarnada e desencarnada, onde o desejo de servir é a tônica. Roteiro precioso para médiuns conscientes da sua missão com Jesus e Kardec. Quem busca entender melhor esse "flagelo espiritual", que são as obsessões, como preveni-las e tratar as já instaladas, ou, quem é participante de reuniões fechadas de desobsessão, tem neste livro excelentes informações.

O LIVRO DOS MÉDIUNS
Guillon Ribeiro (Trad.)

Segunda obra fundamental do Espiritismo, publicada em 1861. Trata-se do mais completo manual explicativo das atividades de comunicação com o Mundo Espiritual, para todo aquele que deseje compreender a mediunidade ou desenvolvê-la com segurança, à luz de Jesus Cristo.

MECANISMOS DA MEDIUNIDADE
Francisco Cândido Xavier; Waldo Vieira / André Luiz

O Espírito André Luiz alia Ciência ao Espiritismo para apresentar conceitos como energia, átomo, obsessão, hipnose, magnetismo, animismo e psicometria, entre outros, oferecendo aos médiuns e estudiosos da mediunidade diversos recursos para melhor compreensão de questões da Física e da Fisiologia que se relacionam ao tema. Com psicografia de Francisco Cândido Xavier e Waldo Vieira, o autor espiritual esclarece que, além de conhecimentos e estudos, é necessário ter disciplina e responsabilidade para praticar a mediunidade com Jesus e entrar em comunhão com o plano superior, buscando o aprimoramento do espírito sob as diretrizes do Evangelho do Cristo.

MEDIUNIDADE: ESTUDO E PRÁTICA - Programa I
Marta Antunes de Oliveira de Moura (Org.)

Atendendo a pedidos da comunidade de estudos espíritas, a Federação Espírita Brasileira lançou a apostila Programa I do curso de mediunidade, que foi, desde sua apresentação, muito bem recebida pelo público. Sob o atual título de Mediunidade: Estudo e prática (programa I), o material tornou-se um guia seguro para embasamento da Doutrina Espírita, composto por módulos de ensino fundamentados nas obras codificadas por Allan Kardec e nas orientações éticas e morais do Evangelho de Jesus. Além de conteúdos revisados e adequados à realidade das atividades espíritas, este guia traz ainda exercícios de aprimoramento das faculdades psíquicas, especialmente indicados para prática e desenvolvimento mediúnicos, que conduzem ao aperfeiçoamento da conduta espírita bem como à evolução pessoal de cada um.

MEDIUNIDADE: ESTUDO E PRÁTICA - Programa II
Marta Antunes de Oliveira de Moura (Org.)

Complementando os temas do primeiro volume de mesmo nome, o programa II de Mediunidade: estudo e prática foca seu conteúdo nas atividades da reunião mediúnica, priorizando a formação do trabalhador que atua ou pretende participar de grupos de trabalhos mediúnicos no futuro. Totalmente revisado e atualizado, o material foi dividido em quatro partes: fundamentação espírita, prática mediúnica, atividade complementar e culminância do módulo. São roteiros de estudos teóricos, sugestões e avaliações para reuniões mediúnicas, além de exercícios relacionados a textos que se reportam a atitudes e ao comportamento do espírito. Um verdadeiro manual de conduta para todos aqueles que buscam a evolução do espírito e a expiação dos erros do passado.

NOS DOMÍNIOS DA MEDIUNIDADE
Francisco Cândido Xavier / André Luiz

Em uma nova missão de trabalho, os Espíritos André Luiz e Hilário deixam a colônia espiritual Nosso Lar rumo à Crosta, onde presenciam situações de comunicação entre os planos superior e terrestre e reconhecem a responsabilidade do serviço mediúnico, compreendendo o grande esforço dos trabalhadores e a importância do intercâmbio entre os dois mundos. Partindo do preceito de que a mediunidade está presente em toda a humanidade, o autor espiritual analisa diversas formas de contato entre encarnados e desencarnados, esclarecendo termos e conceitos como psicofonia, psicometria, sonambulismo, possessão, clarividência, clariaudiência, desdobramento, mediunidade de efeitos físicos, entre outros. Psicografada por Francisco Cândido Xavier, esta esclarecedora obra é indispensável para quem busca estudar a mediunidade com seriedade.

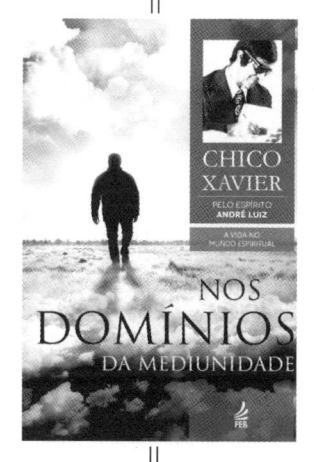

SEARA DOS MÉDIUNS
Francisco Cândido Xavier / Emmanuel

Por meio da psicografia de Francisco Cândido Xavier, o Espírito Emmanuel destaca a necessidade de estudo de O livro dos médiuns, publicação que integra a coleção de obras básicas da Doutrina Espírita, organizada por Allan Kardec. Com mensagens e instruções recebidas e selecionadas em reuniões mediúnicas, o autor espiritual desenvolve temas como a conduta do médium e a educação da mediunidade, além de outros assuntos sempre pertinentes aos estudantes do Espiritismo. Traz comentários que mostram a força do conhecimento como meio para romper preconceitos, superstições e fanatismos, tradicionalmente existentes em diversas religiões.

www.febeditora.com.br
@febeditoraoficial
@febeditora

Conselho Editorial:
Carlos Roberto Campetti
Cirne Ferreira de Araújo
Evandro Noleto Bezerra
Geraldo Campetti Sobrinho – Coord. Editorial
Jorge Godinho Barreto Nery – Presidente
Maria de Lourdes Pereira de Oliveira
Miriam Lúcia Herrera Masotti Dusi

Produção Editorial:
Elizabete de Jesus Moreira

Revisão:
FEB Editora

Capa, Projeto Gráfico e Diagramação:
Thiago Pereira Campos

Fotos:
Maria A. P. Gonçalves

Normalização Técnica:
Biblioteca de Obras Raras e Documentos Patrimoniais do Livro

Esta edição foi impressa pela Viena Gráfica e Editora Ltda., Santa Cruz do Rio Pardo, SP, com tiragem de 1,7 mil exemplares, todos em formato fechado de 155x230 mm e com mancha de 119x194 mm. Os papéis utilizados foram o Offset 75 g/m² para o miolo e o Cartão 250 g/m² para a capa. O texto principal foi composto em Cambria 14/16,8 e os títulos Acumin Pro Condensed 24/28,8. Impresso no Brasil. *Presita en Brazilo.*